BENTO XVI E LEONARDO BOFF
IGREJA DO BRASIL NA INQUISIÇÃO

Editora Appris Ltda.
1.ª Edição - Copyright© 2023 do autor
Direitos de Edição Reservados à Editora Appris Ltda.

Nenhuma parte desta obra poderá ser utilizada indevidamente, sem estar de acordo com a Lei nº 9.610/98. Se incorreções forem encontradas, serão de exclusiva responsabilidade de seus organizadores. Foi realizado o Depósito Legal na Fundação Biblioteca Nacional, de acordo com as Leis nᵒˢ 10.994, de 14/12/2004, e 12.192, de 14/01/2010.

Catalogação na Fonte
Elaborado por: Josefina A. S. Guedes
Bibliotecária CRB 9/870

L131b 2023	Lacerda, Lucelmo
	Bento XVI e Leonardo Boff : igreja do Brasil na inquisição / Lucelmo Lacerda. – 1 ed. – Curitiba : Appris, 2023.
	191 p. ; 23 cm. – (Ciências sociais).
	Inclui referências.
	ISBN 978-65-250-5339-4
	1. Igrejas católicas – Brasil. 2. Inquisição. 3. Boff, Leonardo, 1938-. 2. Bento XVI, Papa. 3. Ratzinger, Joseph, 1927-2022. I. Título. II. Série.
	CDD – 230

Livro de acordo com a normalização técnica da ABNT

Appris
editora

Editora e Livraria Appris Ltda.
Av. Manoel Ribas, 2265 – Mercês
Curitiba/PR – CEP: 80810-002
Tel. (41) 3156 - 4731
www.editoraappris.com.br

Printed in Brazil
Impresso no Brasil

Lucelmo Lacerda

BENTO XVI E LEONARDO BOFF
IGREJA DO BRASIL NA INQUISIÇÃO

FICHA TÉCNICA

EDITORIAL	Augusto V. de A. Coelho
	Sara C. de Andrade Coelho
COMITÊ EDITORIAL	Marli Caetano
	Andréa Barbosa Gouveia - UFPR
	Edmeire C. Pereira - UFPR
	Iraneide da Silva - UFC
	Jacques de Lima Ferreira - UP
SUPERVISOR DA PRODUÇÃO	Renata Cristina Lopes Miccelli
ASSESSORIA EDITORIAL	Nicolas da Silva Alves
REVISÃO	Bruna Fernanda Martins
	Camila Dias Manoel
PRODUÇÃO EDITORIAL	Sabrina Costa
DIAGRAMAÇÃO	Renata Cristina Lopes Miccelli
CAPA	Lívia Weyl

COMITÊ CIENTÍFICO DA COLEÇÃO CIÊNCIAS SOCIAIS

DIREÇÃO CIENTÍFICA Fabiano Santos (UERJ-IESP)

CONSULTORES

- Alícia Ferreira Gonçalves (UFPB)
- Artur Perrusi (UFPB)
- Carlos Xavier de Azevedo Netto (UFPB)
- Charles Pessanha (UFRJ)
- Flávio Munhoz Sofiati (UFG)
- Elisandro Pires Frigo (UFPR-Palotina)
- Gabriel Augusto Miranda Setti (UnB)
- Helcimara de Souza Telles (UFMG)
- Iraneide Soares da Silva (UFC-UFPI)
- João Feres Junior (Uerj)
- Jordão Horta Nunes (UFG)
- José Henrique Artigas de Godoy (UFPB)
- Josilene Pinheiro Mariz (UFCG)
- Leticia Andrade (UEMS)
- Luiz Gonzaga Teixeira (USP)
- Marcelo Almeida Peloggio (UFC)
- Maurício Novaes Souza (IF Sudeste-MG)
- Michelle Sato Frigo (UFPR-Palotina)
- Revalino Freitas (UFG)
- Simone Wolff (UEL)

AGRADECIMENTOS

Ao professor Michael Löwy, da École des Hautes Études Sociales, em Paris, pela leitura atenta e pelos apontamentos certeiros.

Ao professor Ralph Della Cava, primeiramente por ter, sem querer, oferecido a este autor o presente tema, e especialmente por ter contribuído sobremaneira com o desenvolvimento da pesquisa, oferecendo trabalhos e documentos inestimáveis.

Aos que sucumbiram a meu assédio por uma entrevista: Dom Pedro Casaldáliga, Dr. Hélio Bicudo, Frei Betto e Pablo Richard, e principalmente Rose Marie Muraro, que passou a contribuir imensamente com esta pesquisa.

À professora Márcia D'Aléssio, cuja competência e cujo comprometimento superam, em larga medida, a excelência.

Aos mestres Denise Bernuzzi, Yvone Dias Avelino, Pedro Tota, Estefânia, Maria Aparecida Papali, Maria José Acedo Del'Olmo, Valéria Zanetti, Adriane Moreira, Sandra Passos e Gilson Ribeiro.

Ao grande amigo e valoroso historiador Sidney Lobato, que ajudou com a pertinência de suas meticulosas observações.

À amiga Sandra Regina, pelo apoio em vários momentos de minha trajetória acadêmica.

Aos amigos Valdir Oliveira e família, que tantas vezes fizeram o possível e o impossível para ajudar no caminho que trilhamos na construção deste trabalho.

À minha madrinha, Alaíde, e à família, pelo apoio desde minha tenra idade, na formação intelectual e pessoal, e pela recepção que me deram em vários momentos da pesquisa.

À minha família, Débora, Rebecca, Maria Suzana, Benício, Pedro, Joelma, Lucélio, Laurene, Lucas, Vinícius, Rafael e Joaquim.

O significado da profecia não está na previsão do futuro, mas no protesto profético contra o farisaísmo da instituição, um farisaísmo que substitui o ritual pela moralidade e o cerimonial pela conversão. [...] Deus, ao longo da história, não tem estado do lado da instituição, mas do lado dos que sofrem e são perseguidos.

(Joseph Ratzinger)

APRESENTAÇÃO

Em 2005, lendo o livro... *E o verbo se fez imagem*, de Raph Della Cava e Paula Montero, grifei uma nota que assim começava: "Não existe ainda uma análise global sobre o confronto entre Frei Leonardo Boff e o Vaticano e seus antecedentes históricos" (DELLA CAVA & MONTERO, 2005, p. 9). Mas, tendo tal livro já 15 anos, resolvi procurar um estudo sobre o *caso Boff*. Nada encontrei. Decidi, então, dedicar-me a ele.

No mestrado debrucei-me sobre a primeira fase do processo, que ocorreu no Rio de Janeiro. Depois da titulação, passei a ampliar a pesquisa, incluindo documentos e entrevistas para redigir um trabalho final que açambarcasse também a fase romana do processo.

Trata-se de tema espinhoso. A Igreja brasileira vinha em crise com o Vaticano, pois, enquanto este era o arauto do conservadorismo, aquela, inspirada por uma teologia nova, nascida na América Latina, a *Teologia da Libertação*, enfrentava o regime militar e inovava em termos de prática eclesial, estimulando as Comunidades Eclesiais de Base (CEBs), núcleos autônomos de vivência da fé com base na luta coletiva, além das pastorais sociais.

Mas a *Teologia da Libertação*, além de propor uma presença libertadora da Igreja no mundo, também propunha uma estruturação da própria Igreja segundo esses valores apregoados em sua prática social. Essa teologia denunciava o caráter patriarcal, centralizador e burocrático da Igreja, propondo um modelo que correspondesse ao respeito aos Direitos Humanos, universalmente aceitos. Nessa linha se encontravam vários artigos do Frei Leonardo Boff, teólogo brasileiro, um dos mais brilhantes autores da *Teologia da Libertação*.

Em 1981, Boff reuniu vários desses artigos e publicou-os na forma de um livro chamado *Igreja: carisma e poder*, cujo teor foi contestado pela Arquidiocese do Rio de Janeiro e depois pelo Vaticano. Leonardo Boff foi o primeiro teólogo do terceiro mundo a sofrer um processo inquisitorial.

Foi também a primeira vez que um réu foi à sua inquisição acompanhado de um hierarca da Igreja, pois Boff foi com nada menos que dois cardeais, Dom Paulo Evaristo Arns e Dom Aloísio Lorscheider, e uma bolsa com 100 mil assinaturas a seu favor, incluindo o nome de inúmeros prelados.

De nada adiantou, o livro de Boff foi condenado; e o teólogo, censurado, e ainda lhe foi imposto o *Silêncio Obsequioso*, isto é, a imposição de não se pronunciar sobre nenhum assunto por nenhuma forma. Tal atitude por parte do Vaticano gerou uma avalanche de contestações jurídicas, políticas, teológicas. O Vaticano teve que se acertar com a Igreja do Brasil, e, antes de se completar um ano da condenação de Boff, João Paulo II revogou seu silêncio. O que, porém, não dirimiu todos os problemas.

Todo esse processo tem sua gênese na história da sociedade e da Igreja brasileiras, em intricados meandros em que se articulam discursos e práticas, com desdobramentos em vários níveis e dimensões. É sobre esse conjunto de fenômenos que nos predispusemos a nos debruçar. O resultado desse esforço analítico é o que segue.

SUMÁRIO

NOTA 13

INTRODUÇÃO 17
A Restauração 19
O caso Boff 22

I
OS TERMOS DA POLÊMICA, COSMOVISÕES EM CONFLITO 25
1. Medellín, Puebla e a *Teologia da Libertação* 25
   1.1 *Teologia da Libertação e Cristianismo de Libertação* 32
2. João Paulo II e a reação conservadora 37
3. *Teologia e Cristianismo de Libertação* no Brasil 45
4. Leonardo Boff e seu polêmico livro 57

II
DOM EUGÊNIO SALES CONTRA LEONARDO BOFF 63
Introdução 63
1. A recensão 65
   1.1 Os pobres: preguiçosos ou oprimidos? 69
2. Após a recensão, a polêmica 73
3. Guerra de trincheiras: os contornos editoriais da polêmica 79
   3.1 Em uma nova arena 80

III
A POLÊMICA CHEGA AO VATICANO 87
1. Joseph Ratzinger: de mecenas a inquisidor 89
2. Processo ou procedimento? 91
3. A opinião pública 102
4. A caminho da cadeira de Galileu Galilei 104
5. Depois do inferno... o inferno 117
6. Consequências na relação entre Igreja d(n)o Brasil e o Vaticano 120

IV

POLÊMICA E O PODER ... 131

1. Igreja hierárquica: a escala do poder ... 131

2. Igreja institucional: "a" Igreja contra o teólogo brasileiro ... 144

2.1. Igreja Católica no Brasil e Igreja Católica do Brasil ... 146

3. Igreja universal: o Vaticano em aliança com os conservadores ... 152

4. Neoconservadores, ou quase isso! ... 163

CONSIDERAÇÕES FINAIS ... 173

O papado de Ratzinger ... 176

REFERÊNCIAS ... 183

NOTA

Antes de começar a desenvolver o tema, gostaria de trazer uma nota acerca das terminologias *progressistas* e *conservadores*.

Consolidou-se, no meio acadêmico, uma terminologia que tende a denominar tendências, nas mais variadas circunstâncias: usa-se a terminologia *progressistas*, quando estas correspondem a forças mais à esquerda, no quadro de referências específico do contexto. Assim, por exemplo, no quadro de referências político estadunidense, há uma tendência a considerar os democratas como mais progressistas do que os republicanos. Nessa oposição surge o contrário do *progressista*, que é o *conservador*, termo, naquela exposta situação, reservado aos republicanos.

Não é meu intento promover uma genealogia dos termos em questão, mas pensá-los semanticamente é uma necessidade, haja vista que são largamente utilizados quando se trata do estudo da Igreja na América Latina e da sua relação com o Vaticano.

Semanticamente podemos deduzir que *progressista* é aquele que busca o progresso. A palavra *progresso* é não menos polissêmica, mas claramente apologética. No binômio *progressistas* X *conservadores*, este quer que tudo fique como está, enquanto aquele deseja mudança, mas não qualquer mudança, e sim o progresso, a melhora de tudo, no que está inclusa a afirmação de que os *conservadores* não querem a melhora, o *progresso*.

Há pelo menos dois elementos que pensamos como importantes para que possamos compreender a consolidação desses termos. Uma grande influência da esquerda nas Ciências Sociais desde, sobretudo, as décadas de 50 e 60; e também a crença no socialismo como uma etapa superior ao capitalismo, portanto um progresso perante este.

No que tange especificamente à situação da Igreja Católica na América Latina, devemos nos lembrar de que o *Cristianismo de Libertação* foi forjado na prática dos agentes de pastoral, animadores de comunidade e fiéis, mas logo ganhou uma poderosa corrente teórica no interior da teologia que foi a *Teologia da Libertação*, garantindo um corpo teórico teológico que dialogava de modo intenso com a História, a Filosofia, as Ciências Sociais e mesmo com a Física Quântica.

A *Teologia da Libertação* foi a responsável pelo diálogo da prática do *Cristianismo de Libertação* com a teoria da libertação, fazendo-se dialética, no sentido de unidade entre a prática e a teoria. Tal dialética garantia uma pujança à *Teologia da Libertação*, que se referia à corrente a qual se inscrevia no interior da Igreja, o *Cristianismo de Libertação*, como *progressista*, em oposição aos *conservadores*, identificados com aquelas correntes que não estavam dispostas a levar as reformas pós-conciliares a uma desestruturação do status quo. Ou também é possível assinalar aqueles que nem sequer aceitavam o Vaticano II e que pretendiam sua condenação como *ultraconservadores*.

Voltando à questão da linguagem e dos termos em questão, lembro a acertada afirmação de Maestri e Carboni[1]: "A língua é palco privilegiado da luta de classes". Mas, se nos exemplos dados pelos autores, o que ocorre é um privilégio semântico à elite, que conseguiu hegemonizar a terminologia sobre vários assuntos, no caso que tratei o que ocorre é que são os setores de esquerda que hegemonizam as terminologias e garantem para si o rótulo de buscadores do progresso em oposição dos conservadores, inimigos do progresso.

No meio acadêmico, consolidou-se a denominação para forças à esquerda de *progressistas*, e aplicou-se tal denominação à conjuntura interna da Igreja Católica na América Latina, cabendo ao *Cristianismo de Libertação* o rótulo de *progressista*, tanto no campo das Ciências Sociais quanto no da própria Teologia no Brasil, especialmente os próprios teólogos ligados à *Teologia da Libertação*, como João Batista Libânio[2] e Betto[3].

No entanto, os teólogos de outros países da América Latina não utilizaram o termo *progressista* para essa corrente ligada à *Teologia da Libertação*, mas reservaram o termo àquela corrente teológica mais ligada ao liberalismo, mais crente no progresso do que a *Teologia da Libertação*, desencantada pela *Teoria da Dependência*, da possibilidade de progresso sem uma mudança estrutural[4].

Ademais, além da polissemia inerente dos termos em pauta, há a questão mais específica da historiografia acerca da Igreja na América Latina. Muitos autores entendem que as correntes no interior da Igreja são por

---

[1] CARBONI, Florence; MAESTRI, Mário. *A linguagem escravizada*. São Paulo: Expressão Popular, 2003. p. 11.

[2] LIBÂNIO, João Batista. *Pastoral numa sociedade de conflitos*. Rio de Janeiro: Vozes, 1982. p. 179.

[3] BETTO, Frei. *Diário de Puebla*. Rio de Janeiro: Civilização Brasileira, 1979. p. 80.

[4] GUTIERREZ, Gustavo. *A força histórica dos pobres*. 2. ed. Petrópolis: Vozes, 1984. p. 311; RICHARD, Pablo. *A morte da cristandade e nascimento da Igreja*. São Paulo: Paulinas, 1982. p. 196.

demais fluidas para que se possa dividi-las de modo tão esquemático quanto o binômio *progressistas* X *conservadores*. A complexidade dos movimentos concretos dificilmente pode ser enquadrada tão rigidamente; assim, embora alguns elementos sejam claramente identificados entre uma e outra corrente, a maioria dos sujeitos navega mais ou menos tranquilamente entre atitudes características dos dois grupos.

De toda forma, é difícil fugir do binômio terminológico quando se trata da Igreja Católica na América Latina e especialmente no Brasil. Também ficarei nos marcos dessa terminologia questionável, porém criticamente — expondo inicialmente que, quando me refiro a *progressistas*, meu intento é referir-me àquelas correntes mais próximas à *Teologia da Libertação*, e, quando lanço mão do termo *conservador*, é para fazer referência àqueles grupos mais preocupados com a manutenção do status quo.

INTRODUÇÃO

Mesmo estando clarificadas as insuficiências e contradições do uso dos termos *progressistas* e *conservadores*, admito que os blocos em disputa existem, e cabe agora dissertar sobre eles.

A divisão em tais blocos se intricava com a realidade global da Igreja. O Vaticano via-se perturbado desde o fim dos anos 60 com o crescimento da *Teologia da Libertação* (TL). Paulo VI publicou o documento *Evangelii Nuntiandi*, de caráter claramente preocupado com possíveis desvios doutrinais de algumas expressões da TL, especialmente em relação às Comunidades Eclesiais de Base, ainda que seja um documento de estímulo, e não de rejeição dessas expressões da Igreja Católica.

João Paulo II, cujo papado se iniciou em 1978, realizou uma empreitada no sentido de desarticulação da TL, cujo primeiro passo foi a ofensiva por um desfecho conservador na III Conferência Geral do Episcopado Latino- -Americano, ocorrida em 1979, em Puebla, México.

O papado de João Paulo II condenou um dos principais teólogos da TL, o brasileiro Leonardo Boff, cujo procedimento eclesiástico foi levado a cabo pela Congregação para a Defesa da Fé sem que a Conferência Nacional dos Bispos do Brasil (CNBB) tivesse sido consultada ou que o processo tenha por ela passado, desdobrando-se em uma tensa relação cujo eco adentrou o século XXI.

O intento deste trabalho é refazer em detalhes o procedimento sofrido por Leonardo Boff e analisá-lo em face da grave tensão existente no interior da Igreja Católica entre os renovadores latino-americanos e a cúpula vaticana.

O tema é relevante por variados motivos, e, de um ponto de vista mais genérico, faz-se mister pensarmos a própria relevância da religião como tema de estudo, uma vez que esta, durante muito tempo, foi praticamente desconsiderada nos estudos científicos, ficando relegada basicamente aos ambientes estritamente religiosos, como os conventos ou centros de interesse religioso-confessional.

Entretanto, o século XIX habilitou a religião a objeto de estudo científico, isso por ela ter um papel na realidade social, interferir e sofrer interferência dos demais elementos da vida social. A religião é, para ser exato, não um reflexo, mas condicionada e condicionante da vida social. Portanto, seus meandros são de elevado interesse científico[5].

Estreitando a questão geral para a questão mais específica, há que se perceber o papel da Igreja Católica na história brasileira e na América Latina, onde desenvolveu sua história de maneira bastante peculiar. O papel da Igreja Católica na vida política da América Latina desde os anos 60, marcadamente em defesa dos Direitos Humanos e da redemocratização em vários países, já é o bastante para que nos interessemos por todas as nuances de sua dinâmica interna, uma vez que tais mudanças deságuam sempre em uma mudança em sua práxis social.

Este trabalho pretende contribuir para entender o fenômeno da religião nas últimas décadas na América Latina, que pôs abaixo muitos conceitos essencialistas acerca da religião, marcadamente aqueles que a entendiam necessariamente como politicamente reacionária, e contribuir com os estudos históricos acerca da *Teologia da Libertação* e seu conturbado relacionamento com os conservadores no Brasil e no Vaticano.

A América Latina conheceu, a partir de meados dos anos 60, um movimento religioso que subverteu as concepções que até então se tinha sobre o fenômeno religioso. Ao invés de "ópio do povo", o *Cristianismo de Libertação* era o elemento mais crítico, nos âmbitos da cultura, religião, economia e política no continente[6].

O problema que nos impulsiona a tal pesquisa é a relação da *Teologia da Libertação* com a Igreja Católica como um todo. Uma instituição de caráter global que reúne mais de um bilhão de adeptos, que empreende um processo de restauração antimoderna, cujas atitudes implicam a sociedade como um todo.

A cruzada antimoderna da Igreja universal teve o Brasil como palco privilegiado, uma vez que a instância nacional apresenta choques históricos com a instância universal, cujo principal evento foi o processo contra o teólogo Leonardo Boff. Antes e em função desse procedimento do Vaticano contra Leonardo Boff, a Arquidiocese do Rio de Janeiro publicou recensão contra o livro *Igreja: carisma e poder*, de Leonardo Boff, gerando uma polêmica que açambarcamos também em nossa pesquisa.

---

[5] GEERTZ, Clifford. *A interpretação das culturas.* Rio Janeiro: LTC – Livros Técnicos e Científicos, 1989. p. 136.

[6] LÖWY, Michael. *A guerra dos deuses*: religião e política na América Latina. Rio de Janeiro: Vozes, 2000.

Ademais, cabe colocarmos a dinâmica interna da Igreja no Brasil que recria a tensão entre a Igreja local e universal, com a liderança, de um lado, de Dom Paulo Evaristo Arns, Dom Pedro Casaldáliga, Dom Hélder Câmara etc., e, de outro, Dom Eugênio Salles, Dom Luciano Cabral Duarte, entre outros, tendo como base a dicotomia *progressistas X conservadores.*

O intento do presente trabalho é analisar a dinâmica do embate entre conservadores e progressistas no interior da Igreja Católica no Brasil e em relação ao Vaticano. Nosso objetivo é pintar, para o leitor, um quadro complexo da polêmica em torno do livro *Igreja: carisma e poder*, desde as primeiras reações até o combate entre o Vaticano e a Igreja do Brasil.

Partimos do evento constituído pela polêmica com Leonardo Boff na Arquidiocese do Rio de Janeiro, acontecimento que serviu de catapulta para que o teólogo brasileiro fosse alcançado juridicamente pela Congregação para a Doutrina da Fé (CDF), como ápice de um papado que puniu diversos teólogos das mais variadas correntes, tais como Jon Sobrino, Ivone Gebara e Hans Küng, e a condenação aqui estudada foi uma das que alcançaram maior repercussão na opinião pública, devido ao acompanhamento e à denúncia pela imprensa, que entendeu o ato como censura, e também uma das mais significativas, pela representatividade da TL como força contra-hegemônica mais vigorosa no interior da Igreja nas últimas décadas.

Coloca-se, portanto, o enfrentamento conservador de um dos movimentos mais vigorosos da história da América Latina, o *Cristianismo de Libertação*, como problema, e uma passagem específica, o procedimento contra o polêmico livro *Igreja: carisma e poder*, como objeto.

A Restauração

A maioria dos autores analisa a política do Vaticano após a eleição de Karol Wojtyla em termos de uma restauração da Igreja pré-conciliar, que se fecha novamente à modernidade e ao pluralismo tanto externo quanto interno.

Um dos primeiros a perceber tal movimento foi João Batista Libânio (1983), quando apontou, ainda antes do processo contra Boff, uma "volta à grande disciplina". Um primeiro ensaio de Libânio no sentido de entender o papado de João Paulo II como uma restauração se deu em sua *Introdução didática* à publicação brasileira dos documentos de Puebla. O trabalho de João Batista Libânio (1979) denunciou o esquema armado pelo Vaticano no intuito de impedir um texto mais crítico e o papel que o discurso papal operou nessa estratégia.

Para Libânio, a década de 1980 opôs-se, no sentido da pluralidade e da efervescência interna (na Igreja), à *Primavera da Igreja*, como foi denominado o período imediato pós-conciliar. O teólogo vale-se de um termo utilizado por Karl Rahner como alcunha para a década de 80: *Inverno da Igreja*. "Depois de viver o espírito primaveril do Concílio Vaticano II, a Igreja Católica mergulhou, nos anos 80, num rigoroso inverno que reforçou a disciplina interna e a centralização"[7].

A leitura do papado de João Paulo II sob o signo da *restauração* também aparece em autores como Enrique Dussel[8], o próprio Leonardo Boff[9], Hervieu-Léger[10], Jacques Zylberberg e Pauline Côté[11] e Hans Küng[12]. Beozzo salienta a forma pela qual esse restauracionismo opera na relação com o Brasil: "Roma deixou de ser o árbitro último para tomar partido em prol de uma tendência, no caso, bastante minoritária, no seio da Igreja do Brasil, incentivando-a e favorecendo-a"[13], apontando sua relação com o conservadorismo brasileiro.

Hans Küng, num capítulo denominado "Traição ao Concílio", em seu livro *A Igreja Católica*[14], afirma que o conservadorismo de João Paulo II se torna evidente já no primeiro ano do papado, colocando em prática uma retórica de reafirmação do Vaticano II, mas utilizando-se do que chama "verdadeiro Concílio" em oposição a toda "confusão do Concílio"[15], isto é, fazendo uma leitura conservadora do mesmo texto, ao mesmo tempo que também lhe valoriza os trechos mais conservadores.

Assim, verificou-se que o tema-chave no qual se localizam as interpretações sobre o mandato papal de João Paulo II é o da *Restauração*, em sua face ofensiva, de tal modo que Ralph Della Cava e Paula Montero afirmam que o enfrentamento público entre conservadores e progressistas em Puebla e "o desencadeamento por ela assinalado da 'ofensiva do Vaticano' contra os

---

[7] *Apud* BEOZZO, Pe. José Oscar. *A Igreja do Brasil*: de João XXIII a João Paulo II. Petrópolis: Vozes, 1993. p. 290.

[8] DUSSEL, Henrique. *Teologia da Libertação*: um panorama de seu desenvolvimento. Petrópolis: Vozes, 1997. p. 109.

[9] BOFF, Leonardo. *Igreja*: carisma e poder. Rio de Janeiro: Record, 2005.

[10] HERVIEU-LÉGER, Daniele. O bispo, a Igreja e a modernidade. *In*: LUNEAU, René; MICHEL, Patrick. *Nem todos os caminhos levam a Roma*: as mutações atuais do catolicismo. Petrópolis: Vozes, 1999. p. 315.

[11] ZYLBERBERG, Jacques; CÔTÉ, Pauline. Dominação teocrática. dissonâncias eclesiais e dissipação democrática. *In*: LUNEAU, René; MICHEL, Patrick. *Nem todos os caminhos levam a Roma*: as mutações atuais do catolicismo. Petrópolis: Vozes, 1999. p. 324.

[12] KÜNG, Hans. *A Igreja Católica*. Rio de Janeiro: Objetiva, 2002. p. 235.

[13] BEOZZO, 1993, p. 290.

[14] KÜNG, 2002.

[15] *Ibidem*, p. 237.

membros progressistas da Igreja, constituem um *leitmotif*[16] [*sic*] da história dos anos 80"[17].

Assim, o papado de João Paulo II caracteriza-se pelo complexo processo que, por um lado, persegue as correntes progressistas no interior da Igreja, e, por outro, participa intensamente das lutas pelos Direitos Humanos fora da Igreja[18]. Deve-se acrescentar que a década de 90 traz consigo também um renovado interesse do papa no âmbito da moral sexual e uma severa preocupação com o hedonismo consumista.

Zylberberg e Côté salientam o caráter centralizador da dominação teocrática do poder papal. O processo da ofensiva restauracionista trava batalha em diversas frentes. Em oposição à modernidade que supõe que o indivíduo racional "já não é somente um objeto, mas um sujeito de direito, entre os quais, o direito a representações e ações sociais autônomas e plurais, independentemente do soberano", e dentro da lógica interna excludente da Igreja, no qual "o ato de acusar já é julgamento"[19].

A ambiguidade de João Paulo II assim se constitui, então, em progressista *ad extra ecclesia*[20], "o Papa 'dos direitos do homem'"[21], e conservador *ad intra ecclesia*[22], o que garante à sua política a alcunha, dada por Pablo Richard, de "neoconservadorismo progressista"[23].

Penny Lernoux enxerga um largo processo de restauração na Igreja, rumando para o que chama de "integralismo populista"[24] em sentido semelhante ao que defende Pablo Richard. A autora traz à tona a documentação do Concílio que aponta o papel de Karol Wojtyla nas discussões, colocando-se contra a concepção de Igreja como Povo-de-Deus, em favor de uma concepção tradicional de Igreja-corpo-clerical em um modelo monárquico absolutista[25].

O próprio Ratzinger, no livro/entrevista *Crise da fé?*, afirma que:

---

[16] No sentido de tema fundamental, o *"sic"* vai em função da grafia equivocada; o correto seria *"leitimotiv"*.

[17] DELLA CAVA, R.; MONTEIRO, P. *E o verbo se faz imagem*: Igreja Católica e os meios de comunicação do Brasil. São Paulo: Paulinas, 1991. p. 62.

[18] MICHEL, 1999, p. 50

[19] ZYLBERBERG; CÔTÉ, 1999, p. 324.

[20] Na relação da Igreja com o mundo.

[21] MICHEL, 1999, p. 350.

[22] No interior da Igreja.

[23] *Apud* AZEVEDO, Dermi. Desafios estratégicos da Igreja Católica. *Revista Lua Nova*, [s. l.], n. 60, p. 57-79, 2003, p. 67.

[24] *LERNOUX, Penny. A barca de Pedro*: nos bastidores da Igreja. São Paulo: Ática, 1992. p. 45.

[25] *Ibidem*, p. 39.

> Se por "restauração" se entende um voltar atrás, então nenhuma restauração é possível. A Igreja caminha para a frente, rumo à realização da história, olha a diante, para o Senhor que vem. Não, para trás não se torna nem se pode tornar. Nenhuma 'restauração', portanto, neste sentido. Mas se por 'restauração' compreendemos a busca de um novo equilíbrio [...] após os exageros de uma indiscriminada abertura ao mundo, após as interpretações por demais positivas de um mundo agnóstico e ateu, pois bem, então uma 'restauração' entendida neste sentido (isto é um equilíbrio redescoberto da orientação e dos valores no âmbito da totalidade católica), uma tal 'restauração' é absolutamente almejável e, aliás, já está em ação na Igreja.[26]

Trata-se, pois, da afirmação do processo que os demais autores anteriormente citados apontavam fazendo dele, contudo, um juízo de valor favorável.

O *caso Boff*

Muitos autores que tratam da Igreja Católica nos anos 80 passam pela polêmica em torno do livro *Igreja: carisma e poder*, de Leonardo Boff, que compreende duas fases, uma primeira na Arquidiocese do Rio de Janeiro e uma segunda ocorrida em Roma, constituída pelo procedimento contra o referido livro e seu autor pela Congregação para a Doutrina da Fé, polêmica que chamarei aqui e doravante de "caso Boff". A exemplo, cito Della Cava e Montero, Dussel, Jacques Zylberberg e Pauline Côté e Beozzo[27].

Dussel apresenta o panorama histórico em que o processo contra Boff se insere. Dentro do processo de restauração, um dos elementos centrais era a imposição de uma derrota à *Teologia da Libertação*. Dessa forma, o Vaticano tentou operar uma condenação a Gustavo Gutiérrez a partir da Conferência Nacional dos Bispos do Peru, tarefa infrutífera.

Paralelamente houve o procedimento contra Boff, diretamente na Congregação para a Doutrina da Fé, sem consulta à CNBB. Lembra ainda o autor que o colóquio de Boff em Roma aconteceu uma semana depois da *Instrução sobre alguns aspectos da Teologia da Libertação*, produzida pela CDF e que criticava a *Teologia da Libertação*.

Beozzo é mais detalhista e pontua cada passo do processo, desde o recebimento da primeira carta-comentário do Vaticano até a publicação

---

[26] RATZINGER, 1984, p. 23.

[27] DELLA CAVA; MONTERO, 1991, p. 55; DUSSEL, 1997, p. 104; ZYLBERBERG; CÔTÉ, 1999, p. 328; BEOZZO, 1993, p. 239.

das críticas da Congregação para a Doutrina da Fé ao livro em questão. O autor expõe as estratégias da CNBB no intuito de impedir a condenação de Boff, incluindo a viagem de D. Ivo Lorscheider, D. Paulo Evaristo Arns e D. Aloísio Lorscheider[28]. E Della Cava e Montero estabelecem o processo de Boff como ponto de partida da ofensiva do Vaticano sobre a Igreja no Brasil: "A partir do caso Boff, impôs-se um disciplinamento ideológico ao episcopado e ao clero progressista no Brasil"[29].

Acerca das fontes de informação escrita, cabe lembrar que a polêmica em que nos detemos a examinar é, antes de tudo, uma polêmica escrita, documental. Trata-se de um livro de 1981 que recebeu uma recensão da Comissão Arquidiocesana para a Doutrina da Fé do Rio de Janeiro (CADF--RJ), resposta, réplica, tréplica e artigos de Leonardo Boff e de Carlos Palácio, entre outros, por parte dos progressistas, e um comentário escrito por parte do Frei Boaventura Kloppenburg, brasileiro conservador.

A polêmica chegou ao Vaticano, que também produziu uma carta crítica ao livro e um convite/convocação para um colóquio em Roma para tratar o livro. Frei Boff, por sua vez, respondeu aos comentários do Vaticano e a seu convite para o colóquio com uma carta "explicativa" acerca das polêmicas. Não obstante, o Vaticano produziu um documento final de condenação ao livro, cuja resposta do autor, discutindo os pontos do documento, só fora produzida quase dez anos depois, em 1994; e uma segunda discussão do autor, no aniversário de 20 anos da polêmica.

Os documentos da polêmica, aqui elencados, e outras notas foram publicados numa edição do Movimento Nacional dos Direitos Humanos (MNDH), chamada *Roma Locuta: documentos sobre o livro Igreja: carisma e poder de Frei Leonardo Boff*, o que favoreceu de maneira excepcional este trabalho.

Outros documentos da polêmica são importantes — fundamentalmente os artigos de Carlos Palácio e de Kloppenburg a que tivemos acesso mediante consulta aos periódicos originais.

Das fontes escritas que têm origem na oralidade, cito as entrevistas dadas por Boff desde o processo, em especial entrevista concedida no programa Roda Viva, da TV Cultura, e agora disponibilizada na internet, e a entrevista cedida à revista *Caros Amigos*, em 1997, além dos discursos de João Paulo II em sua passagem pelo Brasil, reunidos em uma edição da editora Paulinas, e das entrevistas concedidas ao autor.

---

[28] BEOZZO, 1993.

[29] DELLA CAVA; MONTERO, 1991, p. 55.

OS TERMOS DA POLÊMICA, COSMOVISÕES EM CONFLITO

1. Medellín, Puebla e a *Teologia da Libertação*

O Concílio Vaticano II foi o evento que marcou uma verdadeira ruptura na Igreja Católica. Começo, contudo, com alguns antecedentes históricos.

Após a Reforma Protestante, o Concílio de Trento maximizou de modo bastante substantivo a centralização do poder romano e, sobretudo, a rigidez na normatização da vida católica, diminuindo a pluralidade em seu interior e fortalecendo a figura do padre. Isso porque o protestantismo acentua a não identidade da Igreja com Deus, pois, para sua teologia, Deus é tudo e o homem é nada e as igrejas são meras construções humanas, tão miseráveis quanto seus construtores, de onde advém a perspectiva de que não há sacerdotes: os pastores são responsáveis por um rebanho, mas não são *representantes* de Deus.

Pelo contrário, a Igreja Católica vê-se como Corpo Místico de Cristo, valorizando a identidade de Deus com a Igreja, o que eleva seus templos a espaços sagrados e seus agentes a *representantes* de Deus, o que foi devidamente enfatizado na construção desse novo catolicismo *tridentino*, como uma ampliação da rigidez e centralização romana[30].

No fim do século XIX, em Roma, deu-se o Concílio Vaticano I, que tinha como propósito analisar e aprovar um total de 11 documentos, mas que fora interrompido em 1870 devido à belicosidade do processo de unificação italiana que se deu concomitantemente. Entre os documentos propostos, somente um foi aprovado, o número 8, que tratava da natureza do cargo do papa, concebido como sucessor de Pedro, e ao qual foi imputada, nesse documento, a chamada *infalibilidade*, considerada nos pronunciamentos

---

[30] KÜNG, 2002, p. 175.

ex-catedra[31], fazendo do papa, além de poderoso, infalível[32]. Como fica claro, o Concílio Vaticano I em nada rompe com o catolicismo tridentino; ao contrário, reforça-o.

Quase um século depois, em 1959, o Papa João XXIII convocou o Concílio Vaticano II, para se iniciar em 1962. Tal evento partiu de um desejo que aparecia em diversos movimentos nascentes em várias partes do mundo e da vontade de um papa ousado, estabelecendo um confronto com muitas figuras importantes, sobretudo na Cúria Romana[33].

No interior da Igreja Católica, o Concílio Vaticano II foi um fato histórico da maior importância. A Igreja, que havia sido um dos mais importantes pilares do tradicionalismo contra a modernidade desde antes da Revolução Francesa até então, abria-se para o mundo e para a modernidade num movimento denominado *aggiornamento*[34] da Igreja, celebrado pelo referido evento.

A Igreja vinha sofrendo transformações, e um dos elementos dinâmicos desse processo era a Ação Católica, que redefiniu a presença dos católicos no mundo por meio da aproximação dos leigos e com a incorporação de novas práticas à ação pastoral.

Além da Ação Católica, também é preciso salientar a presença de movimentos de vários tipos que reivindicavam uma série de transformações na Igreja. Entre eles, é possível citar, por seu vigor e importância, o movimento litúrgico, que questionava o modelo de Missa não participativa, toda ela ministrada em latim. Também se deve lembrar o movimento bíblico, a fim de revalorizar a leitura bíblica por parte dos fiéis leigos.

O Concílio Vaticano II corroborou e ampliou tais perspectivas, incorporando um conjunto de demandas consideradas avançadas, e parte de seus documentos finais foi considerada bastante progressista. Algumas das principais inovações apresentadas pelo conjunto de documentos emanados do Concílio foram as que seguem:

> 1. A Igreja passa a ser entendida como *Ecclesia semper reformanda*, isto é, sempre em processo de renovação;

---

[31] O pronunciamento *ex-catedra* consubstancia-se nas seguintes condições: 1. Quando o pronunciamento se fizer a toda a Igreja, e não a um grupo ou igreja particular, 2. Quando o anátema for condenado, 3. Quando o tema do pronunciamento for do âmbito da moral e/ou da fé, jamais no campo da política, por exemplo. Ou quando se tratar de aceitação do papa de decisão de Concílio.

[32] KÜNG, 2002, p. 177.

[33] *Ibidem*, p. 224.

[34] Abertura, atualização.

2. As demais associações cristãs foram reconhecidas como Igrejas[35];

3. Uma atitude inovadoramente ecumênica;

4. Novo respeito pela Bíblia;

5. Culto em vernáculo;

6. Revalorização do laicato com a instituição dos conselhos paroquiais e diocesanos e com sua admissão nos estudos de teologia;

7. Ênfase na Igreja local e nas conferências episcopais nacionais;

8. Reforma da devoção popular;

9. Integração do paradigma moderno com a admissão da liberdade religiosa, de consciência e respeito aos Direitos Humanos[36].

No que nos interessa, vale dizer que a Igreja compreendida como *Corpo-Clerical*, entendida com a presença passiva dos leigos, foi repensada como *Igreja-Povo-de-Deus*, açambarcando de modo participativo o conjunto dos leigos.

Tendo em vista que a interpretação do Concílio é uma disputa no interior da Igreja, seria melhor dizer que esses são os pontos destacados na corrente interpretação de seus textos no período pós-conciliar, sem entrar no mérito do significado real do texto, uma vez que este não é nosso foco.

Tais inovações, aliadas a um clima de liberdade no interior da Igreja, promoveram um movimento denominado *Primavera da Igreja*, em que nasceram movimentos tão díspares quanto a Renovação Carismática Católica (RCC), nos Estados Unidos, e a *Teologia da Libertação*, na América Latina, entre diversas outras expressões.

O Concílio Vaticano II terminou em 1965, e para 1968 foi convocada a II Conferência Geral do Episcopado Latino-Americano, em Medellín, Colômbia. Depois do texto pouco expressivo exarado da I Conferência, ocorrida em 1955, no Rio de Janeiro, um conjunto de teólogos do continente vinha

---

[35] Essa questão remete à polêmica entre Leonardo Boff e o Vaticano, especialmente com Ratzinger, na polêmica em torno do livro *Igreja: carisma e poder* e para além dela. Trataremos dessa específica questão no capítulo seguinte.

[36] KÜNG, 2002, p. 227.

discutindo uma teologia e uma pastoral que respondessem aos problemas do povo da América Latina, especialmente do povo pobre.

A II Conferência do Episcopado Latino-Americano depositou todas as suas forças em ser uma tradução do Concílio Vaticano II para a América Latina. O próprio título do encontro reflete essa preocupação: *A Igreja na atual transformação da América Latina* à *luz do Concílio*. Assim o afirma textualmente Dom Paulo Evaristo Arns: "Medellín era como o Vaticano [II] traduzido para a América Latina"[37]. Mas possivelmente Beozzo é mais preciso que o cardeal quando diz que "Medellín refaz, num certo sentido, o Vaticano II e, em muitos pontos, dá um passo além"[38].

O importante é dizer que esse novo documento da Igreja, cuja interpretação radical foi largamente divulgada, amparava-se no poder simbólico do documento máximo da Igreja Católica em âmbito universal dos últimos séculos, celebrado em todo o mundo. Durante a realização da Conferência, os teólogos mais progressistas, mais afinados com as interpretações dominantes do Vaticano II, normalmente formados na Europa, ganharam vantagem no debate por dominarem melhor os entremeios dos documentos do Concílio. Assim, realizaram uma reflexão baseada na pergunta-chave da *Teologia da Libertação*, segundo Leonardo Boff: "como ser cristão num continente de empobrecidos?"[39].

Além da específica reflexão teológica acerca desse assunto, com a possibilidade, aberta pelo Concílio Vaticano II, de utilização das ciências sociais como instrumento de mediação e leitura do mundo, os teólogos latino-americanos foram buscar uma resposta aos dramas do povo do continente para, valendo-se desse diagnóstico, realizar um julgamento dessa realidade pelos olhos da fé e uma ação condizente com esse julgamento.

Os teólogos da América Latina encontraram na *Teoria da Dependência* as explicações que entenderam ser mais condizentes com a realidade do continente. A ideia central era a de que a condição de pobreza do continente não respondia a uma fase de seu desenvolvimento que se superaria com o avanço do capitalismo, mas a uma condição estrutural do capitalismo em sua configuração imperialista em que o subdesenvolvimento de parte do planeta cumpria um papel importante, como se pode afirmar de acordo

---

[37] ARNS, Dom Paulo Evaristo. *Da esperança à utopia*: testemunho de uma vida. Rio de Janeiro: Sextante, 2001. p. 237.

[38] BEOZZO, 1993, p. 117.

[39] *Apud* ROLIM, Francisco Cartaxo. Neoconservadorismo eclesiástico e uma estratégia política. *Revista Eclesiástica Brasileira (REB)*, [s. l.], n. 49, fasc. 194, jun. 1989. p. 166.

com a declaração dos bispos, presidentes dos setores de Ação Social das conferências episcopais, que estiveram reunidos no processo de preparação da Conferência de Medellín, em 1968, em Itapoã (BA):

> O subdesenvolvimento na América Latina é, em grande parte, um subproduto do desenvolvimento capitalista do mundo ocidental. É um fato estarmos inseridos no sistema de relações internacionais do mundo capitalista e, mais especificamente, em um espaço econômico em torno de cujo centro, na periferia, giram as nações latino-americanas, como satélites dependentes.[40]

Em Medellín, os progressistas conseguiram impor sua temática e sua linha no documento final. Em vez de se basear na dogmática para fazer um documento abstrato, doutrinário, os participantes optaram pelo método da Ação Católica, o Ver-Julgar-Agir, que partia da realidade para julgá-la aos olhos da fé e atuar nela conforme esse julgamento.

Nesse texto apareceu com força a temática da libertação. Para Serbin[41], "essa declaração lançou a Teologia da Libertação e a Igreja progressista no continente", expressando uma posição que não compreende a construção do *Cristianismo de Libertação* como um processo. Dessa construção, a radicalização da Juventude Universitária Católica (JUC), expressa no documento *Algumas diretrizes para um ideal histórico para o povo brasileiro*, de vários de seus líderes, de 1960, é um dos primeiros exemplos, que participa de um longo processo, que se estende até o começo da década de 70[42]. Nessa perspectiva processual, inscreve-se Dom Paulo Evaristo Arns, quando afirma que "A Teologia da Libertação viera a público na Assembleia de Medellín, em 1968"[43]. Isto é, Medellín é a explicitação de um processo já existente.

Um elemento a ser observado é que o documento de Medellín, para muitos, não compunha um quadro tão "libertador", mas fora interpretado nesse sentido pelos correligionários dessa proposta pastoral, articulados em uma eficiente rede de produção teórica, com a produção de variados tipos de materiais, como cartilhas e folhetos, além dos cursos, debates e palestras que visavam discutir a realidade latino-americana e a Igreja. Processo no qual se impôs uma leitura "à esquerda" do documento de Medellín.

---

[40] *Apud* DUSSEL, 1997, p. 57.

[41] SERBIN, Kenneth P. *Diálogos nas sombras*: bispos e militares. Tortura e justiça social na ditadura. Tradução de Carlos Eduardo Lins da Silva e Maria Cecília de Sá Porto. São Paulo: Companhia das Letras, 2001. p. 98.

[42] LÖWY, 2000, p. 137.

[43] ARNS, 2001, p. 237.

Bernstein e Politi parecem se inscrever nessa interpretação quando afirmam que a II Conferência "dissera que uma das tarefas da Igreja era apoiar a 'liberação' dos povos oprimidos. A própria palavra estava cheia de ambigüidade"[44]. Mesmo Beozzo aponta que no documento de Medellín apenas "esboça-se a Teologia da Libertação"[45]. Assim como Enrique Dussel, para o qual, em Medellín, "uma nova teologia se manifesta em estado germinal"[46].

Frei Betto, em seu *Diário de Puebla*, ao entrevistar Luiz Alberto Gómez de Souza, sociólogo ligado à TL, sobre as perspectivas da III Conferência Geral do Episcopado da América Latina, ocorrida em 1979, em Puebla, México, ouve que:

> Acho que teremos mais material de apoio do que em Medellín. Desta reunião na Colômbia, apoiávamos apenas em dois textos entre os dezesseis e em algumas frases. O importante, agora, é não ficar preocupado em analisar os textos em si mesmos, mas referi-los à prática da pastoral popular.[47]

O mais importante, parece-nos, com base no documento de Medellín, é a interpretação que se dará ao seu documento. Nesse sentido, faz-se mister lembrar que os teólogos da libertação, as CEBs e o conjunto dos militantes do *Cristianismo de Libertação* ganham projeção com o aprofundamento dessa Igreja progressista.

As condições de aumento da pobreza e o avanço da ideologia de segurança nacional[48] e suas consequências práticas empurravam os progressistas para uma posição de destaque no interior da Igreja e, em alguns países, a uma hegemonia no episcopado nacional.

Além disso, os progressistas contavam com um conjunto de intelectuais bastante laborioso, com um número significativo de pesquisas e financiamento de órgãos europeus, tais como o Adveniat e o Misereor.

Em 1971, sob a bandeira de Medellín, os progressistas avançavam a passos largos. No mesmo ano no Brasil, a Comissão Bipartite, uma comissão secreta, composta por membros da ditadura militar e por representantes da

---

[44] BERNSTEIN, P.; POLITI, M. *Sua Santidade*: João Paulo II e a história oculta do nosso tempo. São Paulo: Objetiva, 1996. p. 204.

[45] BEOZZO, 1993, p. 118.

[46] DUSSEL, 1997, p. 63.

[47] BETTO, 1979, p. 110.

[48] Lembremos que se trata de um período em que vigoravam diversas ditaduras militares na América Latina, inclusive no Brasil, guiadas pela ideologia de segurança nacional, cuja base era a centralidade da segurança do país, em detrimento da dignidade da pessoa humana, especialmente no que tange às liberdades civis.

Igreja Católica, especialmente bispos, para mediar o conflito entre Igreja e Estado, debateu infrutiferamente em reunião a proposta dos partidários do regime ditatorial de que se confeccionasse um documento de interpretação antissubversiva de Medellín e se distribuísse aos milhares em todas as paróquias do Brasil[49].

Mas, se no Brasil a proposta não foi à frente, algo similar ocorreu no mesmo ano no âmbito da América Latina. Em abril de 1971, na cidade de Itapoã, Bahia, ocorreu um encontro entre os presidentes de comissões episcopais de ação social de dez países latino-americanos. Segundo Dom Eugênio Sales, o encontro foi fruto da desconfiança que o texto de Medellín suscitava, visando analisar se havia nele algo de errado e, em havendo, para introduzir as correções necessárias.

Para Serbin:

> Esse extraordinário documento revelava como os centristas do Celam estavam reagindo às críticas conservadoras contra Medellín, tentando controlar em silêncio seu impacto dentro da Igreja [...]. Eles repercutiam as conclusões críticas de Medellín sobre dependência, subdesenvolvimento e violações dos direitos humanos. Porém, também buscavam moderar o clero progressista e os objetivos radicais de Medellín, ao defender uma abordagem pastoral mais tradicional [...] uma abordagem de cima para baixo para moldar a mudança social na América Latina.[50]

Há todo um processo de organização do episcopado conservador, que deságua na virada conservadora do Conselho do Episcopado Latino--Americano (Celam) em 1972, com a eleição de Dom López Trujillo como seu secretário-geral, embora o presidente eleito tenha sido Dom Aloísio Lorscheider, progressista. A tarefa mais importante de Trujillo foi combater a *Teologia da Libertação*, e sua luta fez-se no seio do episcopado do continente e também no exterior. Em 1976, foi organizado, entre 2 e 6 de março, um Colóquio sobre a TL com a intenção de "impedir toda reinterpretação da fé cristã num programa social e político"[51].

Trata-se de toda uma articulação internacional, com braços especialmente na Alemanha, onde mais de cem teólogos, entre os quais Karl Rahner, J. B. Metz e H. Vorgrimler, em um *Memorandum*, denunciam que:

---

[49] SERBIN, 2001, p. 258.

[50] *Ibidem*, p. 259.

[51] *Apud* BEOZZO, 1993, p. 138.

> Multiplicam-se as provas de que a campanha contra a Teo-
> logia da Libertação e contra os vários movimentos da Igreja
> latino-americana que lhe estão próximos, conduzida já algum
> tempo por influentes grupos da Igreja Católica da República
> Federal Alemã, assumiu um grau de tão extrema virulência,
> que nos parece iniludível expressar nosso protesto público
> e enérgico.[52]

O conflito no interior da Igreja na América Latina acentuava-se, mas, até então, com pouca interferência de Roma. As coisas modificam-se em 1978, com a eleição de João Paulo II.

Antes de avançar rumo a uma breve análise do papado de João Paulo II, cabe refletir sobre o nascimento da *Teologia da Libertação* e a sua dialética com o *Cristianismo de Libertação*, prática social antecedente da TL.

1.1 *Teologia da Libertação* e *Cristianismo de Libertação*

O fervilhar político e eclesiológico dos anos 50 e 60 no catolicismo gerou um influxo "para cima" no interior da Igreja, como estrutura extremamente autoritária, ainda que a instituição poderia recusar tal influxo em defesa de sua notória inflexibilidade. No que entendemos, foi esse o mais importante papel do Concílio Vaticano II, menos o de propor uma Igreja voltada para os pobres e mais o de propor uma Igreja aberta, gerando um espaço, na efervescência teológica pós-conciliar, para um entendimento mais crítico de seus textos.

Ao analisar as teses que propõem um roteiro da constituição da *Teologia da Libertação*, Michel Löwy[53] vê tanto as que propõem tal roteiro como a tomada da Igreja pelas classes populares quanto aquelas que enxergam uma iniciativa iluminada dos bispos, com parcialidade. Löwy propõe um movimento duplo em que se insere um movimento ascendente, com raízes na efervescência política, e um movimento descendente de abertura por parte da Igreja. Se o fervilhar da crítica social é bastante inteligível, haja vista a crise econômica e política vivida no Brasil e no mundo, mormente a revolta estudantil na França, a abertura episcopal é de mais complexa inteligibilidade.

Aí incidem dois fatores que pensamos importantes. Um deles é o relacionamento mantido entre João XXIII e a Igreja na América Latina. O "papa camponês", como era conhecido, era um anticomunista empenhado,

---

[52] *Apud* BEOZZO, 1993, p. 138.

[53] LÖWY, 2000.

preocupado com a Revolução Cubana e a possibilidade de que ela se espalhasse por todo o continente. João XXIII empreendeu uma campanha pela Igreja latino-americana, para que ela assumisse uma proeminência social no intuito de deter o processo revolucionário supostamente em marcha.

Essa campanha se destinava em parte à Igreja europeia e estadunidense, vetor no qual se pretendia conseguir dinheiro e principalmente sacerdotes para cumprir a deficiência crônica de pastores para o povo nos países latino-americanos.

O segundo objetivo da campanha era insistir para que a Igreja do continente latino-americano assumisse um determinado papel na sociedade. Com os recursos que se iam conseguindo dos países mais ricos, pretendia-se que a Igreja reforçasse seu papel social. No entanto, o caminho pelo qual João XXIII via esse combate era o inverso do tradicional, sua insistência, em carta para o episcopado latino-americano, era de que a Igreja lutasse por justiça, pois, segundo ele, se não o fizessem, os comunistas o fariam[54].

Assim, criara-se uma percepção de luta por justiça como algo positivo para a Igreja e em comunhão com o que propunha o pontífice. Aqui entra o segundo fator, que foi justamente o Concílio Vaticano II, criando um conjunto que permitiu que um clamor da base subisse às mais altas instâncias da Igreja de nosso continente e se consolidasse no texto da II Conferência Geral do Episcopado Latino-Americano, realizada em Medellín, e no qual a temática da libertação surge com total força.

Se até Medellín essa teologia mais crítica, ou melhor, esse movimento teológico, com todas as dificuldades e oposições, avançava a largos passos, após esse encontro houve a clara percepção, por parte das correntes mais conservadoras da Igreja, de que "Medellín havia ido longe demais", levando a uma disputa tanto no Celam, capitaneada pelo famoso Dom López Trujillo, quanto no Brasil, tendo em linha de frente Dom Lucas Moreira Neves, Dom Eugênio Araújo Sales e Dom Luciano Cabral Duarte, desembocando em muitas tensões, entre elas o procedimento contra Leonardo Boff, iniciado no Rio de Janeiro, cujo então arcebispo era Dom Eugênio[55].

"Dom Hélder foi na frente, fazendo, e Leonardo Boff foi atrás, escrevendo", assim Rose Marie Muraro[56], proeminente intelectual da *Teologia da Libertação*, demonstra como os próprios formuladores dessa teoria entendem

---

[54] BEOZZO, 1993.

[55] BERNSTEIN; POLITI, 1996, p. 205.

[56] MURARO, Rose Marie. [*Entrevista*]. [Entrevista cedida ao] autor. [*S. l.*], 17 fev. 2010.

seu caminho de construção. Evidentemente nos debruçaremos largamente sobre a trajetória de Leonardo Boff neste estudo, mas é fundamental fazer aqui uma breve abordagem da importância de Dom Helder Câmara na construção desse cristianismo inovador, que se opõe a todas as opressões.

Dom Helder Câmara foi um padre integralista, que logo abandonou essa perspectiva em favor da *Teologia do Desenvolvimento*, que fazia uma abordagem otimista do progresso científico e econômico e o apresentava como mecanismo pelo qual se superariam as mazelas sociais. Essa transformação no pensamento de Padre Helder se deu no bojo da liderança que exerceu na Ação Católica do Brasil, criando esse espaço de ação dos leigos na Igreja com uma perspectiva de se confrontar com a realidade e oferecer uma resposta cristã e católica a ela; foi nesse confronto que a pergunta básica da *Teologia da Libertação*, "Como ser cristão em um mundo de miseráveis?", começou a receber, na prática, uma resposta.

Dom Helder não tardou a perceber que o mundo está estruturado para não permitir a emancipação e o desenvolvimento do conjunto das nações, mas está articulado em uma trama na qual se estabelecem os países que serão beneficiados do sistema, o centro do capitalismo, e confina grande parte dos países à periferia do mundo. Ou seja, Dom Helder assimila a *Teoria da Dependência* como ferramenta explicativa da crise social.

Nesse processo de desenvolvimento de sua perspectiva da sociedade, Dom Helder, mesmo antes de se tornar bispo, foi cumulando prestígio e influência na Igreja e fora dela. Na década de 1950, dois grandes feitos articulados por Dom Helder vão marcar definitivamente a vida da Igreja. Em 1952, o então Padre Helder organizou a Conferência Nacional dos Bispos do Brasil, à semelhança da Secretaria da Ação Católica, que ele liderava. A nova Conferência tinha como objetivo unificar os bispos brasileiros e melhorar a relação com o Estado, além de engajar mais atentamente os bispos brasileiros nos problemas nacionais, embora possamos dizer que uma maior autonomia dos bispos em face do Vaticano também pudesse estar entre seus objetivos[57].

Em 1955, Padre Helder também foi o grande articulador da I Conferência Geral do Episcopado Latino-Americano, ocorrida no Rio de Janeiro. Nessa ocasião se criou o Conselho do Episcopado Latino-Americano, com uma estrutura que engloba todos os países da América Latina, isto é, grande parte dos católicos do mundo.

---

[57] CONDINI, Martinho. *Dom Helder Câmara*: modelo de esperança na caminhada para a paz e justiça social. Dissertação (Mestrado em Ciências da Religião) – PUC-SP, 2004. p. 15-17.

O bispo brasileiro também teve intensa participação no Concílio Vaticano II, em defesa de uma Igreja desvestida de toda a pompa, de uma Igreja dos pobres, e especialmente na realização e nos rumos da II Conferência do Celam em 1968, em Medellín, Colômbia. Este evento se propôs como um intérprete do Vaticano II e fez uma leitura progressista deste.

De certa forma, podemos dizer que, nos frutos da ação de Dom Helder, Ação Católica, CNBB, Celam e Medellín, foi se consubstanciando uma prática cristã libertadora que depois foi sistematizada como um corpo teórico. Em face desse impacto promovido pela ação de Dom Helder é que Comblin afirmara que "Escrever a biografia de Dom Hélder é fazer a história da Igreja no Brasil desde 1940, a história da Igreja Latino-Americana desde 1955 e a história da Igreja Católica desde o Vaticano II"[58].

Nesse sentido, é de grande valia uma distinção feita por Löwy[59] entre a *Teologia da Libertação* e o *Cristianismo de Libertação*, que é anterior a uma sistematização teológica e ultrapassa seus limites. Aqui se entende, por um lado, uma teologia que só tem força não por esmerada coesão teórica, mas por uma ressonância social que se instala numa rede de práticas e agentes pastorais, cristãos militantes políticos, nas CEBs, num movimento real, concreto, um verdadeiro *Cristianismo de Libertação*.

A constituição efetiva da *Teologia da Libertação* é creditada no marco delineador que fora o lançamento do livro *Teología de la liberación: perspectivas*, de Gustavo Gutiérrez (1971), muito embora possa se pensar também no texto final de Medellín como esse marco. Alguns compreendem ainda que a tese do protestante Rubem Alves, cujo nome foi mudado de *Teologia da Libertação* para *Teologia da Esperança*, mas mantendo um conteúdo libertador, seja o primeiro escrito.

Dussel vê no opúsculo de Juan Luís Segundo, *Función de la Iglesia en la realidad rioplatense*, o primeiro escrito de TL[60], mas debruça-se em levantar os movimentos eclesiais que deram origem ao Cristianismo de Libertação[61], especialmente as seções especializadas da Ação Católica e o MEB. Quanto às influências teóricas, Dussel[62] assume junto a Löwy a presença dos franceses

---

[58] *Apud ibidem*, p. 13.

[59] LÖWY, 2000.

[60] DUSSEL, 1997, p. 55.

[61] Dussel não utiliza esse termo, mas fala de uma práxis eclesial anterior à formulação teológica da TL, o que nos permite utilizar plenamente o termo, na medida em que constituem igual conceito.

[62] DUSSEL, 1997, p. 54.

Jacques Maritain e Emmanuel Mounier[63], assim como a posterior presença do marxismo.

Dussel relata a primeira reunião de teólogos convocada pelo Celam, em 1964, em Petrópolis (RJ), e mais três no ano seguinte, em Bogotá (Colômbia), Havana (Cuba) e Cuernavaca (México). Em 1966 houve o I Encontro Episcopal de Pastoral de Conjunto, em Baños (Equador), no ano seguinte o Encontro episcopal sobre a presença da Igreja no mundo universitário, em Buga, Colômbia, e a reunião dos presidentes das conferências episcopais de ação social em 1968, Itapoã (BA). Entendendo todos como participantes da gestação da TL.

Aproximamo-nos mais da postura de Dussel, que entende a questão da gênese da *Teologia da Libertação* como uma construção processual, gestada em um conjunto de iniciativas, encontros, congressos, fóruns dos mais variados, ocorridos entre os teólogos ou encontros eclesiais mais amplos, mas com a participação dos teólogos, em que a *Teologia da Libertação* foi amadurecendo enquanto corpo teórico. Esse processo de amadurecimento vai acontecendo como reflexo e reflexão de uma prática do *Cristianismo da Libertação* que também amadurece durante esse período.

Gutiérrez, teólogo da primeira geração da TL, caracteriza-se por capitanear uma corrente da *Teologia da Libertação* que não se interessa, ou se interessa muito pouco, em discutir a própria Igreja. Para ele, a *Teologia da Libertação* não é importante, o importante é a libertação. Sua teologia baseia-se na premissa de que ela é uma reflexão crítica sobre a práxis, que põe a caridade como centro da inteligência da fé, fazendo do compromisso cristão, necessariamente, um compromisso com os pobres.

Para Zilda Iokoi, Gutiérrez aproxima teologia e marxismo por via de uma afinidade eletiva, gerando um terceiro produto. Nesse sentido, a *Teologia da Libertação* não é uma teologia "pura", nem mesmo utopia com a mesma qualidade, mas uma utopia em novas bases, refeita à lógica da fé, matéria-prima da teologia, e é também teologia, orientada pela perspectiva da ortopráxis, em que o primado da ação militante do cristão sobre a realidade é evidente[64]. Löwy[65], citando Pedro Ribeiro de Oliveira, lembra que esse sociólogo percebe a religião e a política como dois momentos de

---

[63] DUSSEL, 1997; LOWY, 2000.

[64] IOKOI, Zilda Grícoli. *Igreja e camponeses*: Teologia da Libertação e movimentos sociais no campo. Brasil e Peru: 1964-1986. São Paulo: Hucitec; Fapesp, 1996. p. 212.

[65] LÖWY, 2000, p. 64.

uma mesma realidade, rejeitando a ideia de "afinidade eletiva", ao que Löwy responde com a dilatação do conceito de afinidade eletiva, incluindo uma espécie de "fusão dialética", açambarcando o complexo relacional entre política e religião no interior da *Teologia da Libertação*.

Outrossim, Gutiérrez tem uma abordagem da realidade bastante crítica. Sua produção implica uma relação explícita com a revolução social, proposta como ruptura com todas as opressões, em busca da libertação integral. Para tal tarefa, utiliza largamente o instrumental marxista.

Utilizando-se da possibilidade estimulada pelo Concílio Vaticano II, de dialogar com outras ciências no intuito de analisar a realidade social, a ser julgada pelos olhos da fé, a TL lançou mão do instrumental crítico das ciências sociais, compreendendo a sociedade pela ótica das classes sociais como estrutura fundamental que perpassa toda realidade humana, até mesmo a Igreja.

Assim, a TL ampliou sua criticidade à estrutura de poder na Igreja, correlacionando-a aos nexos de dominação econômica, ampliando a percepção de urgência e radicalidade de uma verdadeira reforma eclesial. Nesse sentido, o destaque vai para a obra de Leonardo Boff, cuja ênfase está na reflexão sobre o fazer teológico, sobre os meandros de poder na Igreja. O *Cristianismo de Libertação* desejava uma reviravolta no modo de "ser Igreja", condenando a estrutura de poder no interior do catolicismo e propondo novas formas de religiosidade.

Tais elementos nos dão, pois, um quadro do processo de reflexão e articulação para o que viria a ser o documento final da Conferência de Medellín, um documento aglutinador das reflexões até então acumuladas.

2. João Paulo II e a reação conservadora

Se o tempo do imediato pós-Concílio foi denominado de *Primavera da Igreja*, Hans Küng subverteu a expressão de Rahner para designar o papado de João Paulo II de *Inverno da Igreja*. Ele mesmo, Küng, foi um dos primeiros a sentir a mão pesada da Congregação para a Doutrina da Fé, que condenou escritos seus, levando-o ao limbo dos heréticos[66].

João Paulo II elegeu-se como uma alternativa entre o conservador Cardeal Siri e o progressista Benelli, que conquistaram a maioria dos votos

---

[66] BERNSTEIN; POLITI, 1996, p. 198; YALLOP, David. *O poder e a glória*: o lado negro do Vaticano de João Paulo II. São Paulo: Planeta, 2007. p. 88; KÜNG, 2002, p. 234.

dos primeiros escrutínios do conclave de sucessão de João Paulo I[67]. João Paulo II recebeu apoios contraditórios que iam desde a Opus Dei até cardeais progressistas como o austríaco Franz König, principal articulador de sua campanha, e Dom Aloísio Lorscheider, bispo progressista brasileiro[68].

Karol Wojtyla vinha de uma experiência pessoal bastante negativa com o socialismo; ele era polonês e vivia na dura realidade da *Cortina de Ferro*, o que se somava à histórica postura católica de franco anticomunismo. Diante de tal disposição pessoal e de uma correlação internacional de forças francamente conservadora, João Paulo II veio decepcionar seus aliados de conclave que estavam nos marcos do catolicismo progressista.

Como se saberia depois, a eleição do papa polonês foi o ponto de partida da reviravolta conservadora na Igreja. João Paulo II iniciou seu papado em combate. Se três foram seus alvos principais, a saber, o comunismo, a *Teologia Liberal* europeia e a *Teologia da Libertação*, foi sobre os libertadores que se deu sua primeira empreitada. A primeira viagem de João Paulo II foi para o México, para intervir/acompanhar a III Conferência Geral do Episcopado Latino-Americano, em 1979, na cidade de Puebla[69].

A III Conferência estava marcada para 1978, porém a morte do Papa João Paulo I impediu que o evento ocorresse na data prevista. Passada a eleição de João Paulo II, em 16 de outubro de 1978 estabeleceram-se rapidamente duas posições no interior do episcopado latino-americano. Um grupo entendia que se deveria realizar a Conferência já em janeiro de 1979, utilizando a estrutura já montada, sob risco de arcar duas vezes com os mesmos custos.

Esse grupo tinha ainda outro motivador para sua posição, as eleições do Celam estavam marcadas para março de 1979 e a correlação de forças no momento apontava no sentido de uma provável vitória das correntes progressistas no pleito. O adiantamento do evento garantiria um maior controle dos conservadores sobre o documento que guiaria a Igreja pelos próximos anos. Ademais, havia a esperança (que depois foi materializada) de que a presença de João Paulo II contribuísse com uma mudança na correlação de forças para impedir a vitória progressista no Celam nas eleições que se seguiriam.

---

[67] BERNSTEIN; POLITI, 1996, p. 174.

[68] *Ibidem*, p. 199.

[69] BERNSTEIN; POLITI, 1996, p. 206.

A outra corrente, que entendia como mais adequado o adiamento da Conferência, era, evidentemente, composta pelos progressistas, interessados em esperar as eleições do Celam.

João Paulo II, demonstrando sua preferência, acenou para os conservadores e adiantou o acontecimento, numa tática que impediu a coordenação do evento pelos progressistas, que estavam em vias de assumir o comando do Conselho Episcopal Latino-Americano[70].

Logo depois da eleição de Wojtyla, o Cardeal López Trujillo havia ido ao Vaticano, para pressionar o papa a combater a *Teologia da Libertação*. Ele era o cardeal que se tornaria ponte direta do Vaticano na América Latina, pois ele não encontrava eco obediente o bastante nas instâncias episcopais continental ou nacionais em grande parte da região.

Ocorreu, pois, em 1979 o primeiro embate público e de vulto entre progressistas e conservadores no interior da Igreja, em um evento que viria a ser conhecido como a *Batalha de Puebla*[71]. Os progressistas contavam, em seu favor, com a tradição de Medellín, como vimos, mais de sua interpretação do que do texto em si, e também com um conjunto vasto de teólogos, bastante bem formados e de prestígio público, além de movimentos eclesiais de base, tais como as pastorais e as Comunidades Eclesiais de Base.

Toda a estruturação da Conferência se deu em função da disputa em seu interior. Para Bernstein e Politi, "se desenrolava uma verdadeira luta política e, dessa vez pelo menos, os rótulos de 'progressista' e 'conservador' realmente eram adequados"[72].

O Vaticano trabalhou intensamente para garantir que os conservadores saíssem vitoriosos do evento[73]. E essa imposição se deu de várias formas. Entre elas, a imposição da coordenação e da forma organizativa do evento.

O jesuíta João Batista Libânio, na "Apresentação didática" à edição do documento de Puebla[74], aponta que a organização do evento tomou o sentido inverso da conferência anterior em Medellín, que reforçou as discussões em plenário.

---

[70] LIBÂNIO, João Batista. Apresentação didática. *In*: CONSELHO EPISCOPAL LATINO-AMERICANO (CELAM). *III Conferência Geral do Episcopado Latino-Americano.* Conclusões de Puebla. A evangelização no presente e no futuro da América Latina. São Paulo: Loyola, 1979. p. 57.

[71] BEOZZO, 1993, p. 225.

[72] BERNSTEIN; POLITI, 1996, p. 2005.

[73] LIBÂNIO, 1979, p. 57; DUSSEL, 1997, p. 93; BEOZZO, 1993, p. 225; ACCATTOLI, 1999, p. 235.

[74] CELAM, 1979, p. 55-80.

Outro importante ocorrido foi a proibição da presença dos teólogos assessores dos bispos, num mecanismo de marginalização dos teólogos da libertação da confecção do texto final. Esses teólogos haviam desenvolvido uma grande quantidade de pesquisas e reflexões que compunham o quadro das manifestações teológicas das conferências episcopais, dioceses, entre outros, constituindo um verdadeiro braço teológico desses bispos. Em vez de assumirem igual posição na Conferência, foram nomeados outros teólogos como peritos, todos na linha conservadora do Vaticano.

Muitos teólogos progressistas foram secretamente a Puebla e se hospedaram em uma casa, realizaram discussões e redigiram contribuições que eram entregues aos bispos à noite ou de modo sorrateiro durante o evento. Em 10 de fevereiro, Trujillo flagrou o Cardeal Arns sendo orientado por Leonardo Boff e Jon Sobrino (curiosamente dois teólogos posteriormente condenados pelo Vaticano), pediu a saída dos teólogos e mandou reforçar a segurança do evento, proibindo também que qualquer documento fosse passado para dentro do evento por qualquer pessoa[75].

O fato é que a participação das alas progressistas na confecção do documento de Puebla foi muito menor do que seu potencial, mas ainda assim restou um texto crítico, que assumia uma *Opção Preferencial pelos Pobres* por parte da Igreja. Essa foi uma saída conciliada que atendia tanto aos progressistas, desejosos do protagonismo dos despossuídos, quanto aos conservadores, ansiosos por responder à pobreza latino-americana com uma ampla ação de caridade que focasse os pobres[76].

A participação direta de João Paulo II na organização e nos rumos de Puebla foi bastante grande. Já no avião para o México, declarou Wojtyla acerca da TL:

> Ela não é uma verdadeira teologia. Ela deturpa o verdadeiro sentido do evangelho. Conduz os que se deram a Deus para longe do papel verdadeiro que a Igreja lhes atribuiu. Quando começam a utilizar meios políticos, deixam de ser teólogos. Se é um programa social, então é matéria para a Sociologia. Se se refere à salvação do homem, então é eterna teologia, que tem dois mil anos de idade.[77]

---

[75] BETTO, 1979, p. 110.

[76] LÖWY, 2000, p. 124.

[77] BERNSTEIN; POLITI, 1996, p. 207

Na abertura da Conferência de Puebla, João Paulo II fez um discurso de uma hora, dividido em partes, as duas primeiras destinadas a evitar uma aproximação da Igreja com a esquerda, por consoante, com a *Teologia da Libertação*, enquanto na terceira demonstra apreço pela justiça social[78]. Tal discurso fora mais citado do que o de todos os outros papas juntos[79].

Logo depois de proferido, o discurso de João Paulo II passou imediatamente a ser disputado. Ao seu fim, Trujillo perguntou triunfante a Dom Hélder Câmara, importante liderança progressista, o que achara do discurso, ao que respondeu: "Magnífico!". Monsenhor Oscar Romero, Arcebispo de El Salvador, também progressista, assim afirmou: "sinto-me confirmado em minhas posições"[80], enquanto Gutiérrez afirmou que "parece-me importante que o Papa tenha anunciado o valor evangélico da defesa dos direitos humanos, não como uma operação temporária mas como uma missão intrínseca da Igreja"[81].

De um modo geral, o que operou de forma importante essa releitura foi o discurso de Dom Aloísio Lorscheider depois do discurso do papa e antes do começo dos trabalhos. Para Betto, "o Arcebispo de Fortaleza retomou os temas principais da alocução papal dentro de um enfoque mais adaptado à nossa realidade"[82].

Os conservadores organizaram uma estrutura para influenciar a cobertura jornalística do evento no sentido de fazer entender a presença e discurso de João Paulo II como condenação à *Teologia da Libertação*[83]. Mas, acerca do discurso de Dom Lorscheider, a imprensa não deixou de perceber que houve boicote.

Enquanto ao fim dos discursos conservadores eram distribuídas cópias a toda a imprensa, ao fim do discurso de Dom Lorscheider não havia cópias, só entregues mais tarde e em reduzido número, insuficiente para a imprensa, pois os conservadores "ficaram indignados, comentando que o presidente do CELAM havia deturpado as palavras do Santo Padre"[84].

---

[78] *Ibidem*, p. 216.

[79] LIBÂNIO, 1979, p. 66.

[80] *Apud* BETTO, 1979, p. 59-60.

[81] *Apud ibidem*, p. 217.

[82] *Ibidem*, p. 63.

[83] *Ibidem*, p. 56.

[84] *Ibidem*, p. 63.

Os conservadores trabalharam no sentido de garantir um desfecho favorável a eles e seu trabalho foi facilitado pela equipe romana. Nesse sentido, quando o Cardeal Baggio, então presidente da Congregação para a América Latina, foi questionado sobre quais pontos de Medellín foram condenados no discurso papal, este respondeu:

> Ele se referiu a uma interpretação 'redutiva' de Medellín. Nesta reunião foram elaborados documentos sobre dezesseis temas, mas parece que a atenção de muitos só se fixou nos textos sobre Justiça e Paz. Pretendeu-se que Medellín tivesse centrado seu interesse apenas nesses pontos conflitivos. E houve exagerada deformação de Medellín, como se quisesse levar a Igreja a certos métodos de violência e de luta. Só uma leitura parcial, tendenciosa de Medellín, pode levar a isso.[85]

Trujillo, que havia organizado uma conferência de bispos em Roma em 1976 com vistas a pensar táticas de combate e à *Teologia da Libertação*, e, para tal fim, articulara com bispos alemães a arrecadação de uma boa soma de dinheiro, assunto do conhecimento do novo papa, foi um dos protagonistas da organização da Conferência de Puebla[86].

Pouco antes da III Conferência Geral do Episcopado Latino-Americano, Trujillo escrevera a Dom Luciano Duarte em tom belicoso:

> Prepare seus aviões e seus bombardeios. Precisamos de você hoje mais do que nunca e você tem que estar na melhor forma possível. Acho que precisa treinar como treinam os pugilistas antes de entrar no ringue para o campeonato mundial. Que os murros sejam evangélicos e bem desfechados.[87]

Algo muito próximo do que pensara ocorreu, uma disputa ferrenha que deixou marcas profundas no episcopado. Se antes de Puebla havia articulações mais ou menos ordenadas, depois do evento se pode demarcar claramente as duas correntes em disputa, conservadores e progressistas. Observando que isso não altera o fato de que a maioria do episcopado continuou entre os moderados, que se movem de acordo com as circunstâncias para a corrente que melhor responda a suas necessidades pastorais.

Mas, mesmo com toda a intervenção romana, ainda foi possível a produção de um texto relativamente progressista. O texto de Puebla e a

---

[85] *Apud ibidem*, p. 67.
[86] BERNSTEIN; POLITI, 1996, p. 206.
[87] *Apud ibidem*, p. 205-206.

afirmação da *Opção Preferencial pelos Pobres* são encarados como expressões radicais de uma Igreja progressista não por força intrínseca do texto em si ou mesmo da afirmação de preferência, mas mais com base na interpretação destes nas obras, nas falas, isto é, nas práticas e nos discursos dos agentes desse *Cristianismo de Libertação*[88]. A ideia da libertação fica menos vinculada à libertação das estruturas sócio-históricas, ganha um caráter mais abrangente, no conceito de *libertação integral*, mas também ganha mais espaço e "pervade todo o documento"[89].

Na década de 80, convergiram vários fatores que apontaram para a estratégia ofensiva do Vaticano. A experiência nicaraguense, de um Estado revolucionário, socialista, em que uma parte da Igreja se imiscuía organicamente, por meio de seus membros adeptos da *Teologia da Libertação*, assustou profundamente Wojtyla, era a "prova" de que a TL levava inexoravelmente (*sic*) a um posicionamento à esquerda na agudização da luta de classes. Além disso, o acordo de João Paulo II, celebrado com Ronald Reagan, presidente estadunidense, partidário da linha dos que viam todos os críticos como comunistas, ia de vento em popa[90].

O Vaticano lançou então uma imensa campanha contra a *Teologia da Libertação*, que teve três vetores de atuação: o controle do governo na Igreja, o controle dos "representantes" de Deus e o controle das ideias.

Todos os três vetores são separados para fim de análise, mas na prática foram um todo orgânico indissociável:

O controle do governo na Igreja consiste na alocação estratégica dos aliados e oponentes na geografia da Igreja. No caso do Brasil, é a esse item que precisamos nos atentar para entender a decisão do Vaticano para escolher e manter o substituto de Dom Helder Câmara, na Arquidiocese de Recife, que desmanchou as pastorais, lutou contra as CEBs e tudo o que Dom Hélder tinha construído e que possuía um caráter progressista.

Também aqui se pode ver a motivação da divisão da Arquidiocese de São Paulo que esvaziou o poder de Dom Paulo Evaristo Arns.

O controle dos "representantes de Deus" estabelece-se, evidentemente, na política de nomeação do clero, que tradicionalmente seguia o caminho Núncio[91] — Conferência Nacional — Papa e que passa a seguir

---

[88] LÖWY, 2000, p. 124.

[89] LIBÂNIO, 1979, p. 70.

[90] BERNSTEIN; POLITI, 1996.

[91] Chefe da Missão Diplomática do Vaticano.

nova metodologia cortando a instância intermediária, numa clara política de "normalização" do clero aos interesses vaticanos[92].

Para se ter um exemplo do imbricamento dos vetores de controle, quando se condena um teólogo eminente da *Teologia da Libertação*, em conjunção com a realidade de que o Vaticano passa a nomear somente os mais leais à vontade vaticana, fica expresso um largo movimento de autocensura por parte de todos aqueles que expectam ascender na hierarquia da Igreja.

Nesse sentido é que vamos encontrar também a intervenção em diversos seminários, interferindo na formação dos futuros padres, eliminando os não alinhados e formatando os mais suscetíveis. Em tudo esse ponto se relaciona organicamente com o próximo mecanismo de controle apresentado.

O controle das ideias é um vetor importantíssimo da estratégia da Santa Sé. A intervenção em Puebla não foi o bastante, pois os progressistas lograram interpretar largamente o documento pelo seu prisma, o da libertação. Assim, há uma enxurrada de iniciativas para frear um movimento intelectual "de libertação" que dialoga com a ação dos cristãos na realidade brasileira e que faz da Igreja o principal fermento das lutas populares nas mais diversas áreas, mormente nos movimentos comunitários, movimento contra a carestia e novo sindicalismo.

As ações de controle dão-se de forma intensa na intervenção em editoras católicas, em diversos seminários, com enquadramento de vários deles, até mesmo operando patrulha ideológica nas Universidades Católicas.

Quando João Paulo esteve no Brasil, em 1980, questionou Dom Paulo Evaristo Arns acerca do estado do marxismo na PUC-SP. Dom Paulo ficou perplexo com a pergunta, e Dom Mauro Morelli interveio oportunamente, solicitando ao pontífice para que ele pudesse responder, ao que o papa deferiu de pronto, recebendo então a seguinte resposta:

> Pra o Senhor perceber o alcance da influência do marxismo no Brasil, na universidade, eu vou lhe dar uma visão um pouco pictórica disso. Quando o jovem entra na faculdade, no 1º ano ele é um trotskista furioso. No 2º ano ele abranda um pouco, é apenas marxista. No 3º ano ele já adere ao socialismo. No 4º ele vira capitalista. No 5º ele sai e vai explorar o povo.[93]

---

[92]   DUSSEL, 1997, p. 117; LÖWY, 2000, p. 216; HERVIEU-LÉGER, 1999, p. 297; BERNSTEIN; POLITI, 1996, p. 468; KUNG, 2002, p. 443; BEOZZO, 1993, p. 279; YALLOP, 2007, p. 207; WANDERLEY, 2007, p. 226; FLEET, 1981, p. 92; BETTO, 2010.

[93]   SYDOW, Evanize; FERRI, Marilda. *Dom Paulo Evaristo Arns*: um homem amado e perseguido. Petrópolis: Vozes, 1999. p. 300.

Mas o lado mais duro de tal vetor é a política de processos contra teólogos. No começo dos anos 80, o destaque vai para o processamento quase concomitante de Gustavo Gutiérrez, um dos fundadores, e Leonardo Boff, um dos principais formuladores da *Teologia da Libertação*.

3. *Teologia* e *Cristianismo de Libertação* no Brasil

Compreendemos de pleno que a realidade não é um conjunto de paralelos que se desenvolvem, em que um movimento leva a outro, que leva a outro. Em nossa temática, essa compreensão nos leva ao fato de que a *Teologia da Libertação* não é um desenvolvimento isolado da Ação Católica, mas que nasce de uma realidade complexa em que incide uma tal quantidade de fatores absolutamente inapreensível.

Não obstante, se é verdade que uma imensidão de elementos incide na construção do *Cristianismo de Libertação*, também é verdade que a obsessão por elencá-los todos nos levaria inexoravelmente à inércia e, o que não é absurdo, à ciência, para admitirmos que alguns fatores incidem mais indiretamente do que outros, de modo que entendemos adequado pensar a Ação Católica e a formação da CNBB e Celam como elementos diretamente relacionados ao *Cristianismo de Libertação*, embora muitos outros fatores também participem dessa realidade, alguns oblíqua e outros diretamente, como a pobreza latino-americana, sobre a qual entendemos que não se faz necessário discorrermos longamente.

Para a apresentação do catolicismo contemporâneo, cabe pensarmos sua construção que se fundamenta, em larga medida, na história do Centro Dom Vital, no início do século XX, polo de convergência desse novo catolicismo conservador, mais imbricado com a realidade brasileira, cujo flerte com o integralismo se fazia público e notório.

Para Jackson de Figueiredo, líder desse conservadorismo católico, a revolução era tão:

> [...] contrária à felicidade humana, à vida em sociedade que, para combatê-la, é necessário pregar-se, não já a contra-revolução, mas o contrário da revolução. Ora, é isso o que não se pode fazer sem uma doutrina que compreenda esse 'contrário da revolução' em todas as ordens da atividade espiritual, em todos os domínios da vida em sociedade.[94]

---

[94] FIGUEIREDO *apud* MANOEL, Ivan Aparecido, 1999. A Ação Católica Brasileira: notas para estudo. *Acta Scientiarum*, [s. l.], v. 21, n. 1, p. 207-215, 1999. Disponível em: http://www.periodicos.uem.br/ojs/index.php/ActaSciHumanSocSci/article/viewFile/4207/2872. Acesso em: 5 nov. 2008.

Logo após a construção do Centro Dom Vital, deu-se a instituição da Liga Eleitoral Católica, que tinha por missão "analisar" os candidatos aos mais variados cargos para anunciar os que estavam em acordo com as doutrinas católicas e denunciar os que as transgrediam[95].

Tal atuação da Igreja, mais em contato com a realidade em seu entorno do que a que a precedera, levou um membro desse mesmo setor conservador, o integralista D. Hélder Câmara, a revitalizar no Brasil a Ação Católica, posteriormente com forte influência do Padre Lebret, Jacques Maritain e Emmanuel Mounier, no intuito de levar a Igreja a atuar no seio da sociedade em suas diversas expressões[96].

A Ação Católica era estimulada e organizada em seções especializadas, mormente Juventude Agrária Católica, Juventude Estudantil Católica, Juventude Independente Católica, Juventude Operária Católica e Juventude Universitária Católica — JAC, JEC, JIC, JOC e JUC. Também se relacionavam com os sindicatos rurais, com o Partido Democrata Cristão (PDC) e com o Movimento de Educação de Base (MEB), cuja sustentação conceitual era dada pelas reflexões do educador Paulo Freire, que muito viria a influenciar a *Teologia da Libertação*.

Paralelamente e imbricados com esses movimentos, nascem também os círculos bíblicos e o movimento litúrgico, não só no Brasil, mas em vários lugares do mundo, cujo fervilhar em que se enredam, somado à força da *Teologia Liberal*, vai desaguar na convocação do Concílio Vaticano II, que introduziu uma significativa quantidade de inovações na vida católica.

Esses movimentos de Ação Católica avançam rumo a uma aproximação com a esquerda. Em determinado momento de radicalização política, membros da JUC, insatisfeitos com a tutela da Igreja que limitava o posicionamento político enquanto estivessem em um movimento no interior da instituição católica, decidiram fundar uma organização autônoma, não vinculada à Igreja: a Ação Popular (AP), de linha marxista-leninista.

Havia uma escalada à esquerda que, segundo Francisco Whitaker, vinha desde a influência mais moderada de Jacques Maritain, que normalmente levava à social-democracia, até a perspectiva mais crítica do Padre Lebret e do socialismo personalista de Emmanuel Mounier, ou seja, a uma militância socialista[97].

---

[95] FARIAS, 1998.

[96] LÖWY, 2000, p. 230-255.

[97] *Ibidem*, p. 237.

A movimentação transformadora que fervilhava nesses grupos nascentes se expressava com grande radicalização na Ação Católica Especializada e já começava a se apresentar na forma de Comunidades Eclesiais de Base. Todo esse processo contestador tinha fundamento na própria conjuntura de crítica em nível mundial, não obstante a especial agudização da luta política no Brasil, cujo agravamento evidente foi o golpe militar.

A Igreja do Brasil dera um passo rumo à colegialidade com a instituição de uma das primeiras conferências nacionais de bispos de todo o mundo, a Conferência Nacional dos Bispos do Brasil, e do Conselho Episcopal Latino-Americano, instituídos em 1952 e 1955, respectivamente, ou seja, antes do Concílio.

Ambas as criações tiveram decisiva influência do Bispo Dom Hélder Câmara, que deixara o integralismo rumo a uma *Teologia do Desenvolvimento*[98], e engajara-se no projeto de constituir uma maior autonomia às Igrejas do Brasil, especificamente, e da América Latina, em geral.

No entanto, no interior da Igreja, mais precisamente, em sua correlação de forças interna, o conservadorismo era largamente majoritário até a década de 60. No processo de oposição às reformas de base, que desaguou no golpe militar, um dos principais eventos de movimento de massas legitimando-o foi justamente uma passeata organizada pelo Padre Patrick Peyton, a *Marcha com Deus pela Família e Liberdade*, numa posição de explícito apoio aos setores que preparavam o golpe militar.

Por ocasião do golpe militar, em 1964, houve intensa disputa na CNBB acerca de qual deveria ser a manifestação da entidade sobre o evento, uma primeira versão foi escrita, realizando um verdadeiro rompimento entre religião e Estado, mas essa versão não foi aprovada, sendo publicada uma declaração de apoio ao golpe militar. Os golpistas foram saudados pela Igreja:

> Em resposta às expectativas gerais e ansiosas do povo brasileiro, que viu a marcha acelerada do comunismo na direção do poder as forças armadas intervieram a tempo, e impediram o estabelecimento de um regime bolchevique em nosso país... Ao mesmo tempo em que agradecemos a Deus, que respondeu às preces de milhões de brasileiros e nos libertou do perigo comunista, estamos gratos, também, aos militares que, com

---

[98] Trata-se de uma teologia que via como fundamental o processo de desenvolvimento econômico e social, processo no qual a Igreja deveria de alguma forma contribuir. Esteve muito em voga na segunda metade dos anos 50, no período do desenvolvimentismo nacional.

sério risco de vida, se ergueram em nome dos interesses supremos da nação.[99]

Mas não demorou, e a Igreja começou a modificar sua correlação de forças interna, as forças progressistas ganharam espaço em detrimento das conservadoras. Ainda na década de 60, os dominicanos engajaram-se na rede de apoio à Aliança Libertadora Nacional (ALN), organização de guerrilha liderada por Carlos Marighela, então considerado o maior opositor do regime. Vários outros grupos católicos se engajaram na oposição, num intenso fervilhar, ainda mais no nível do laicato do que no nível hierárquico.

O apoio dado pela hierarquia ao regime militar foi se esvaindo até a franca oposição. A Igreja tornou-se a principal adversária do regime militar[100], liderada por Dom Paulo Evaristo Arns. Como afirma com propriedade Farias[101], "A Arquidiocese de São Paulo nos anos 70 transformou-se, de fato, no principal núcleo de resistência ao regime ditatorial instalado no país desde 64", tese também advogada por Serbin[102].

Todo esse movimento da Igreja Católica, de pilar do regime ao seu pior inimigo, não se deu, no entanto, de maneira homogênea. Houve resistência e divisão, explicitada enfaticamente nas condutas dos dois bastiões da Igreja no Brasil: Dom Paulo Arns, arcebispo de São Paulo nas décadas de 70 e 80, figura ilustre dos progressistas, e a liderança dos conservadores, Dom Eugênio.

Eugênio de Araújo Sales, nascido em Acari (RN), em 8 de novembro de 1920, era filho de Celso Dantas Sales e Josefa de Araújo Sales e irmão de Dom Heitor de Araújo Sales, arcebispo emérito de Natal, Rio Grande do Norte.

Estudou primeiramente em Natal e em 1931 entrou no Seminário Menor, estudando Filosofia e Teologia no Seminário da Prainha, em Fortaleza, Ceará, entre 1931 e 1943.

Foi ordenado sacerdote no dia 21 de novembro de 1943, e no primeiro dia de junho de 1954 se tornou bispo auxiliar de Natal, aos 33 anos, ainda no papado de Pio XII. Em 15 de agosto de 1954, tornou-se bispo, sagrado por Dom José de Medeiros Delgado, Dom Eliseu Simões Mendes e Dom José

---

[99] *Apud* LÖWY, 2000, p. 140.

[100] LÖWY, 2000, p. 144.

[101] FARIAS, Damião Duque de. *Em defesa da ordem.* Aspectos da práxis conservadora católica no meio operário em São Paulo (1930-1945). São Paulo: Hucitec, 1998. p. 20.

[102] SERBIN, Kenneth P. *Diálogos nas sombras*: bispos e militares. tortura e justiça social na ditadura. Tradução de Carlos Eduardo Lins da Silva e Maria Cecília de Sá Porto. São Paulo: Companhia das Letras, 2001. p. 321.

Adelino Dantas. Tornou-se administrador apostólico da Arquidiocese de Natal oito anos depois, ficando três anos na função.

Assumiu posteriormente a Arquidiocese de Salvador (BA). Em 1969, no consistório presidido pelo Papa Paulo VI, Dom Eugênio de Araújo Sales foi nomeado cardeal, do título de São Gregório VII, do qual tomou posse solenemente no dia 30 de abril do mesmo ano.

Em 1971, o Papa Paulo VI nomeou-o arcebispo do Rio de Janeiro, função que exerceu até 25 de julho de 2001, quando da sua renúncia (em função da idade), e que foi aceita pelo Papa João Paulo II depois dos 80 anos.

Dom Eugênio, em sua juventude, no Nordeste, fora um clérigo progressista. No Rio de Janeiro metamorfoseou-se em conservador e passou a se contrapor à *Teologia da Libertação* e fazer o papel de ponta-de-lança dos interesses do Vaticano no Brasil. Seu discurso sempre enfatizou a hierarquia e ordem[103].

Desde há muito, a *Teologia da Libertação* via no Rio de Janeiro uma diocese de pouca abertura. A Campanha da Fraternidade, campanha anual feita pela CNBB na Igreja em todo o Brasil para debater um assunto em especial e realizar ações nesse tema, foi uma das vítimas de Dom Eugênio, censurada em algumas oportunidades no Rio de Janeiro. Em 1989, Rose Marie Muraro fora proibida de falar nas paróquias do Rio de Janeiro, ano em que a campanha da fraternidade tinha como tema a mulher[104].

Além disso, os teólogos ligados à TL eram proibidos de falar em qualquer oportunidade dentro da circunscrição da Arquidiocese do Rio de Janeiro. Depois de abandonar o estado clerical, Leonardo Boff, em entrevista à TV Cultura, no programa Roda Viva, desabafa:

> No Rio de Janeiro, que eu era sempre proibido de falar, durante vinte anos, professor em Petrópolis, jamais dei uma palestra no Rio de Janeiro. Porque aquele cardeal que se comporta como um sultão, impedindo que qualquer teólogo da linha da libertação pudesse falar. Nem fazer adoração do Santíssimo Sacramento, que existe lá uma capela de adoração permanente, dia e noite, nem isso eu podia fazer.
>
> [...] Dom Eugênio Sales... Eu quero denunciar o estilo de governo de Igreja.[105]

---

[103] *Ibidem.*

[104] MURARO, 2010.

[105] RODA VIVA, 1997, s/p.

Frei Betto, questionado sobre como era a abertura aos teólogos ligados à TL na Arquidiocese do Rio de Janeiro, respondeu que:

> *Não havia abertura. Alguns teólogos conseguiam até dar aulas na PUC, como Teresa Cavalcanti. Mas vigorava uma vigilância severa, a ponto de o cardeal Sales convocar JB[106] Libânio para entregar-lhe uma lista de teólogos que não deveriam mais proferir palestras no Rio. Também fui convocado por Dom Romer para receber a mesma ordem e respondi a ele que não acataria, como jamais acatei.[107]*

De maneira aparentemente contraditória, D. Eugênio contribui com a proteção e mesmo fuga de muitos perseguidos políticos durante a ditadura militar no Brasil e o mesmo fizera com estrangeiros perseguidos em suas nações em face de outras ditaduras militares.

Tal informação parece contradizer uma certa crença inabalável de Dom Eugênio no poder e na hierarquia, como afirma Betto:

> De fato, durante os 21 anos de Ditadura Militar, a nação percebeu o contraste entre a atuação decisiva do Cardeal de São Paulo em favor dos direitos humanos e o procedimento palaciano do Cardeal do Rio. Este prefere entender-se diretamente com as autoridades, aquele com a opinião pública. D. Eugênio confia na palavra de quem ocupa o poder. D. Paulo, por sua índole franciscana, dá ouvidos à versão do oprimido.[108]

Evidentemente se trata de uma versão eivada de maniqueísmo, nem Dom Eugênio fora um cego às atrocidades dos militares, nem Dom Paulo se recusara a tratar diplomaticamente com membros da ditadura. A existência e dinâmica da Comissão Bipartite confirma essa ambiguidade.

A Bipartite foi uma comissão secreta de bispos e membros da ditadura militar, destinada a debater e amenizar o conflito entre Igreja e Estado. Na referida comissão, participaram tanto bispos conservadores como D. Eugênio quanto progressistas como o próprio D. Paulo Evaristo Arns.

De fato, porém, havia uma diferença significativa entre os procedimentos dos dois cardeais. Dom Eugênio era contra os abusos da ditadura militar, mas acreditava na hierarquia, e suas reclamações davam-se no âmbito hierárquico. Dom Eugênio trabalhou, durante a ditadura, para dirimir a

---

[106] João Batista Libânio, padre, primo de Frei Betto e um dos expoentes da TL.

[107] BETTO, Frei. [*Entrevista*]. [Entrevista cedida ao] autor. [*S. l.*], 28 jan. 2010. s/p.

[108] *Apud* FARIAS, 1998, p. 24.

imagem negativa do Brasil em nível internacional, em especial no que tange aos Direitos Humanos, uma vez que o país foi denunciado como um local onde o próprio Estado praticava a tortura de modo sistemático, além, evidentemente, dos mais básicos cerceamentos à cidadania, como impedimento de organização e ausência de democracia.

Na outra ponta, Dom Paulo era um dos principais construtores da imagem que Dom Eugênio combatia. Seu método partia da negociação, mas chegava até a denúncia pública. Em sua posição, cardeal arcebispo de São Paulo, toda denúncia se tornava estardalhaço. Dom Paulo não era contra os excessos, mas contra a própria ditadura militar, e fez coro com os vários bispos ligados à *Teologia da Libertação*, contra o regime no Brasil.

De fato, junto a essa nova posição política, a Igreja modificou-se também em sua correlação de forças interna. Em 1974, Dom Ivo Lorscheiter foi eleito presidente da CNBB, estabelecendo a hegemonia dos libertadores no interior da Conferência Episcopal mais importante (por seu número de representados e estrutura) de todo o mundo.

A CNBB, grande parte das mais importantes Ordens Religiosas, em especial a Franciscana, e consequentemente as maiores editoras católicas da América Latina, a Vozes, a Conferência dos Religiosos do Brasil, além da imensa rede de pastorais e CEBs espalhadas pelo Brasil, são algumas das mais importantes instituições no catolicismo no Brasil dominadas pelos progressistas.

A disputa no interior da Igreja do Brasil não cessou, os conservadores fizeram a disputa na CNBB e na maioria das instituições. O grande aliado dos conservadores nesse processo foi o Vaticano. Dele emanaram as admoestações que visavam à "normalização" da Igreja do Brasil. Em 1980, João Paulo II visita o Brasil, e sua passagem inscreve-se no interior desse processo.

Não é possível estabelecer um tom único para a relação entre o Vaticano e a CNBB no pontificado de João Paulo II, mas é possível dizermos que há uma predominância de conflitividade.

Para Beozzo, a transição dos anos 70 para os anos 80 na relação entre o Vaticano e a CNBB foi também a transição entre uma fase de apoio e estímulo para uma fase em que as palavras-chave são contenção e intervenção. Também aponta como outra característica o fortalecimento das oposições no interior da CNBB, no intento de rever sua linha de trabalho[109].

---

[109] BEOZZO, 1993, p. 213.

É preciso primeiro trazer alguns elementos dos conflitos mais pontuais, não necessariamente nascidos no pontificado de João Paulo II, mas levados a cabo por ele. Um dos principais conflitos nessa categoria foi acerca da ideia da CNBB de criação do *Tribunal Internacional dos Direitos Humanos*, que, depois de consultas à Santa Sé, transformou-se na ideia da criação de *Jornadas Internacionais por uma Sociedade Superando as Dominações*. A ideia era copatrocinada pela CNBB e pelas conferências episcopais de Canadá, Estados Unidos, França, Federação das Conferências Episcopais da Ásia, Conselho das Conferências Episcopais da Europa, Comissão Internacional dos Juristas das Conferências Episcopais Europeias e Coordenação Ecumênica de Serviços (Cese) do Brasil.

Lançado em 1976, o projeto recebeu imediato apoio de mais de mil universidades, entidades, associações de pequeno porte e outras de prestígio internacional, além de outras conferências episcopais, como da Alemanha e da Bélgica, que entraram para o programa.

Em 1977, em uma carta sem timbre ou assinatura, o Vaticano enviou comunicado à CNBB proibindo a iniciativa por entender que tal não poderia ser feita por uma conferência episcopal nacional, pois não estava no raio de amplitude de sua competência.

A Comissão Representativa da CNBB aprovou, por 29 votos a 1, que se dialogasse com Roma para a continuação do projeto. Realizado o contato, foi marcada para o ano seguinte a reunião entre a Comissão Pontifícia de Justiça e Paz e a CNBB.

> Com esta intervenção romana, ficava clara a intenção de conter a CNBB e sua articulação internacional. Na verdade, a Igreja do Brasil ocupara um espaço deixado vazio pela Pontifícia Comissão Internacional de Justiça e Paz que, depois de um início entusiasta e brilhante... começou a marcar passo.[110]

Em 1978, o diálogo resultou em definitiva proibição do projeto. Dom Cândido Padin, embora se submetendo às determinações de Roma, não deixou de reafirmar a legitimidade dele perante a assembleia da CNBB:

> Não nos consta realmente que haja preceito da Igreja ou orientação conciliar proibindo que Conferências Episcopais convidem outras a promover uma reflexão comum. Ao contrário, a própria Santa Sé aprovou o Estatuto da CNBB que inclui, entre as finalidades de nossa Conferência 'manifestar

---

[110] *Ibidem*, p. 217.

> solicitude pela Igreja Universal, através da comunhão e da colaboração com a Sé Apostólica e com outras Conferências Episcopais.[111]

Também foram proibidas diversas missões internacionais dos bispos Dom Paulo Evaristo Arns, Dom Pedro Casaldáliga e Dom Hélder Câmara[112].

Na questão da liturgia também foram muitas as desavenças. Destaque para o *Diretório Litúrgico* da CNBB, aprovado em 1977, que tinha como missão impulsionar o processo de inculturação, isto é, de assimilação do caldo cultural popular nas celebrações. O Diretório era uma tentativa de dinamização dos cultos, pois os textos e ritos da Missa em vigor não correspondiam ao modo de expressão e à vivência religiosa própria do povo.

A Congregação do Culto Divino, em Roma, no entanto, entendeu que era sua a prerrogativa de aprovação ou rejeição do Diretório e informou que:

> [...] do Brasil chegaram a esta Congregação observações sobre o novo texto e críticas à excessiva liberdade concedida às Igrejas particulares, favorecendo assim o aparecimento de novos abusos ou permitindo a difusão de uma teologia de tipo "popular", perigosa para a fé.[113]

Em 1979, apesar dos esforços, o Diretório foi reprovado por Roma. Além dos aspectos propriamente litúrgicos alegados no rechaçamento da proposta brasileira, também foram colocados outros problemas, tais como a falta de precisão do conceito de grupo popular ou povo simples, o perigo do uso da liturgia para fins sociopolíticos, a excessiva liberdade criativa dada ao celebrante, a tendência a humanizar e vulgarizar a celebração.

Em 1980, a CNBB aprovou, em votação (162 votos a favor, 26 contra, 6 com emendas e 5 em branco), continuar negociando. Mas o Vaticano manteve a posição afirmando que "A liturgia não deve descer ao povo, mas o povo deve ser elevado à liturgia"[114]. Novamente a CNBB optou por manter o diálogo, e um novo texto foi feito, a quatro mãos, que ficara tão descaracterizado que foi reprovado pelo episcopado brasileiro. Ao fim das contas, os bispos do Brasil não puderam permanecer com o Diretório, ficando à mercê dos ditames litúrgicos de Roma.

---

[111] *Apud ibidem*, p. 218.

[112] *Apud ibidem*, p. 218.

[113] *Apud ibidem*, p. 220.

[114] *Ibidem*, p. 221.

Ainda em se tratando de liturgia, merece destaque a criação da *Missa da Terra Sem Males*, aculturação da cultura indígena em um culto católico, cujo mote era o mito indígena Guarani da *Terra sem Males*, lugar em que não se conheceriam doenças, opressão ou morte. A primeira *Missa da Terra Sem Males* foi concelebrada por 50 bispos, sua melodia foi composta por um indígena, e a poesia que realizava a narrativa do culto era de autoria de Pedro Tierra e Dom Pedro Casaldáliga, os mesmos autores da também inculturada *Missa dos Quilombos*, musicada por Milton Nascimento. A *Missa dos Quilombos* foi celebrada pela primeira vez em 1981, no dia 20 de novembro, Dia Nacional da Consciência Negra.

Ambas as Missas foram proibidas pela Congregação do Culto Divino, que afirmou que a celebração eucarística não deve conter reivindicação de nenhum grupo humano, mas deve ser somente em memória da morte e ressurreição de Cristo[115].

A relação do Vaticano com a CNBB sofreu uma transição entre os anos 70 e 80, que vai de uma relação com problemas pontuais para um conflito mais amplo. Primeiramente, é preciso lembrar que a Conferência de Puebla teve uma participação ativa do episcopado brasileiro, o maior do continente. De tal forma que podemos dizer que a ação do Vaticano na Conferência foi também uma ação contrária à linha que o episcopado brasileiro queria impingir ao texto de Puebla. No ano seguinte à Conferência, 1980, João Paulo II realizou uma viagem à América do Sul. Em sua rota, o Brasil era a principal parada.

Sua relação com a Igreja do Brasil no período de viagem foi tão contraditória quanto possível, mas algumas linhas gerais apontavam já aquele momento como o divisor de águas do relacionamento com a Igreja do Brasil. O conflito deixou de se localizar em questões pontuais para permear toda a relação Vaticano-Igreja do Brasil, especialmente com a CNBB.

No interior da Igreja, as expectativas eram muitas em face da visita de João Paulo II, nos mais variados grupos, com anseios díspares. No encontro com os operários em São Paulo, os favelados no Rio de Janeiro, os camponeses em Recife e os indígenas em Manaus, o papa confirmou apoio às causas de justiça levadas a cabo pela Igreja do Brasil, sem deixar de alertar que a luta de classes não era o método adequado para a luta cristã.

---

[115] *Ibidem*, p. 223.

A respeito da CNBB, em um discurso que chamou de *A CNBB é a Igreja*, afirmou que:

> Não posso esquecer o caráter quase pioneiro desta Conferência. Ela nasceu, já com esse nome de Conferência dos Bispos, no longínquo 1952, uma das primeiras do mundo a se constituir, muito antes que o Concílio Ecumênico Vaticano II pusesse em nova luz a doutrina da colegialidade episcopal e preconizasse justamente as Conferências Episcopais como expressão peculiar e órgão particularmente apropriado dessa colegialidade.
>
> Ao longo destes 28 anos – não há quem não a reconheça – procurou cumprir uma missão e realizar uma obra conforme sua natureza própria: possibilitar o encontro e o diálogo dos Bispos cada vez mais numerosos no país, facilitar a convergência da ação pastoral, graças sobretudo ao planejamento e a uma pastoral de conjunto que forma desde o início a preocupação dominante na CNBB. Ser um órgão capaz de representar com a maior autenticidade possível o episcopado brasileiro junto a outras instâncias, sem excluir a civil.[116]

Esse discurso foi pronunciado em Fortaleza, um dos últimos eventos do Papa no Brasil, depois de 11 dias de viagem no país, acompanhado sempre do presidente da CNBB, Dom Ivo Lorscheiter. Diz-se, aliás, que João Paulo II reescreveu seu discurso a caminho de Fortaleza, abrandando-o significativamente. Criou-se, pois, uma expectativa positiva, no meio progressista, em relação ao Vaticano, dissipada no fim do mesmo ano com a carta enviada individualmente a cada bispo do Brasil, com diversas críticas à Igreja do país.

Quase na sequência, a CNBB recebe carta do então secretário de Estado do Vaticano, Dom Agostinho Casaroli, com várias admoestações, em tom de desaprovação da linha até então adotada. A carta aponta diversas "recomendações", entre elas está a orientação da diminuição de presbíteros e especialistas nas Assembleias, a reorientação para os assuntos *"ad intra"* Igreja e a constituição da Comissão Episcopal de Doutrina.

A imprensa e a opinião pública entenderam a carta de Casaroli como uma desaprovação da caminhada pastoral da CNBB. Em fevereiro de 1981, na abertura da XIX Assembleia da CNBB, corria a informação de que Dom Luciano Cabral Duarte, arcebispo de Aracaju e vice-presidente do Celam,

---

[116] JOÃO PAULO II. *A CNBB é a Igreja*. Discurso realizado em 10/07/1980 em Fortaleza, editado como "A palavra de João Paulo II aos brasileiros: discursos e homilias". Brasília: Escopo, 1980. p. 257.

um dos principais nomes do episcopado conservador, proporia a renúncia da direção da entidade, em face da desaprovação papal da linha adotada.

Na assembleia, Dom Ivo relatou sua ida ao papa e a explanação que fez a ele, acerca da recepção da carta de Dom Agostinho Casaroli na opinião pública. Relatou também que havia entregado ao papa um dossiê com as várias notícias referentes ao documento que apareceram na imprensa.

Por fim, Dom Ivo reportou a discordância do papa com a interpretação corrente acerca da carta e leu um telex de apoio que acabara de receber de João Paulo II:

> Renovando expressão de minha fraterna confiança e invocando do Espírito luz e conselho para vossa grande responsabilidade eclesial, estou certo que continuareis generosamente empenhados na vossa grande missão, com zelo de pais e pastores do rebanho a vós confiado, no sentido da verdadeira colegialidade e daquele espírito de fraterna comunhão manifestado durante minha recente grata visita pastoral ao dileto Brasil, em precioso serviço ao povo de Deus para revigoramento de sua fé e coerente prática da vida cristã, e contribuindo sempre para integral participado progresso da vossa nobre nação e maior bem de todo o querido povo brasileiro.[117]

Esse era o tom da relação com o Vaticano, no aprofundamento das sanções e das intervenções, sem, no entanto, jamais permitir uma ruptura. Mas o processo de ataque à TL foi também um processo de acúmulo de forças: "Em suas viagens, o Papa Wojtyla tinha atacado repetidas vezes, a teologia da libertação, mas 1984 fora escolhido como o ano em que seria desencadeada a ofensiva final da Igreja contra ela"[118].

No mesmo ano foram desferidos dois potentes ataques, a condenação de Leonardo Boff, preparada dois anos antes na Arquidiocese do Rio de Janeiro, como veremos, e a *Instrução sobre alguns aspectos da Teologia da Libertação*, documento papal que criticava duramente a *Teologia da Libertação*, além disso, também havia ocorrido recentemente a tentativa de condenação de Gustavo Gutiérrez.

---

[117] BEOZZO, 1993, p. 236.
[118] BERNSTEIN; POLITI, 1996, p. 418.

4. Leonardo Boff e seu polêmico livro

Passemos, então, à apresentação do personagem central da polêmica em tela, Leonardo Boff, autor do livro objeto do conflito.

Genésio Darcy Boff, descendente de imigrantes italianos, nasceu em Concórdia, Santa Catarina, aos 14 de dezembro de 1938. Estudou o primário e o secundário em Concórdia (SC), Rio Negro (PR) e Agudo (SP); Filosofia em Curitiba (PR); e Teologia em Petrópolis (RJ). Em 1959 ingressou na Ordem dos Frades Menores, a Ordem dos Franciscanos, em que assumiu um novo nome, Leonardo Boff. Na Universidade de Munique, Alemanha, fez seu doutoramento em Teologia e Filosofia em 1970.

Quando chegou ao Rio de Janeiro, de volta da Europa, demonstrou à Editora Vozes sua intenção de trabalhar na tradução dos teólogos alemães. A então editora-chefe, Rose Marie Muraro, recomendou-lhe que, antes de se entregar a essa empresa, passasse alguns meses vivendo a realidade mais pobre do Brasil. Depois de um semestre na selva amazônica, no Acre, Leonardo Boff já desistira da tradução dos alemães e trazia consigo o *Jesus Cristo libertador*, ainda hoje considerado por muitos como sua obra-prima.

Desde *Jesus Cristo libertador*, publicado em 1971, Boff esteve sob vigilância do Vaticano. Entre as variadas contribuições que dera à *Teologia da Libertação*, uma das principais fora no campo da cristologia. Além de perturbar os militares, *Jesus Cristo libertador* tornara-se também um clássico da interpretação da trajetória de Cristo em chave de libertação.

Sua ênfase, contudo, mais à frente, recaíra sobre a metateologia, isto é, sua atenção fora especialmente sobre as condições de produção da teologia e análise crítica da Igreja. Assim, além dos vários livros sobre os assuntos mais variados, Boff também publicou, nos 11 anos seguintes à publicação de seu primeiro escrito, diversos artigos, ensaios e outros sobre a Igreja e suas relações de poder. Esses escritos foram reunidos em 1981 em um livro: *Igreja: carisma e poder*.

Durante 22 anos, foi professor de Teologia Sistemática e Ecumênica em Petrópolis, no Instituto Teológico Franciscano; professor de Teologia e Espiritualidade em vários centros de estudo e universidades no Brasil e no exterior; além de professor-visitante nas Universidades de Lisboa (Portugal), Salamanca (Espanha), Harvard (EUA), Basel (Suíça) e Heidelberg (Alemanha).

É doutor *honoris causa* em Política pela Universidade de Turim (Itália) e em Teologia pela Universidade de Lund (Suécia), tendo recebido também vários prêmios no Brasil e em outros países do exterior, em função de sua luta em favor dos Direitos Humanos.

De 1970 a 1985, participou do conselho editorial da Editora Vozes. Nesse período, fez parte da coordenação da publicação da coleção *Teologia e libertação* e da edição das obras completas de C. G. Jung. Foi redator da *Revista Eclesiástica Brasileira* (1970-1984), da *Revista de Cultura Vozes* (1984-1992) e da *Revista Internacional Concilium* (1970-1995).

Para poder falar sobre o procedimento que incidiu sobre o livro *Igreja: carisma e poder, ensaio de eclesiologia militante* (ICP), de Leonardo Boff, é preciso entendê-lo minimamente. O livro é uma coletânea de artigos, e somente 2, do total de 13, eram inéditos.

O livro em questão é uma obra dirigida à Igreja, a pensá-la à luz das opções que se desenvolviam nas dioceses progressistas é um verdadeiro exemplo de uma das principais características de Leonardo Boff como teólogo, sua ênfase na metateologia, uma teologia que pensa a si mesma e seus meandros.

O livro começa por analisar as "Práticas pastorais e modelos de Igreja" (1), pensando a relação "Reino-mundo-Igreja" e os modelos de relacionamento existentes, capítulo escrito para a revista francesa *Lumière et Vie*[119], e seu público-alvo era, portanto, o leitor europeu.

Passa então o texto a analisar as "Práticas teológicas e incidências pastorais" (2). Aqui, Boff exercita sua perspectiva de que a TL é reflexo da práxis da Igreja na América Latina, mas que também exerce sobre ela uma reflexão fundamental, além de pensar as outras teologias em tendências e relacioná-las com a vida da Igreja; trata-se de um texto preparado para a Assembleia dos Bispos em Itaici (SP), para ser apresentado em fevereiro de 1981.

O teólogo chega então a pensar "A Igreja e a luta pela justiça e pelo direito dos pobres" (3), em que reflete sobre o papel específico de cada agente religioso, hierarquia, religiosos e leigos, e garante uma legitimidade teológica a essa práxis mergulhada na vigilância contra o reducionismo do politicismo. Esse texto foi pronunciado numa conferência pública por ocasião da fundação do grupo Ação, Justiça e Paz, em Petrópolis, e posteriormente foi publicado na revista da Conferência dos Religiosos do Brasil (CRB), *Convergência*[120].

---

[119] LUMIÉRE ET VIE. [*S. l.*], n. 150, p. 47-62, 1980.
[120] CONVERGÊNCIA, [*S. l.*], n. 135, p. 422-434, 1980.

A quarta parte do livro é inquietante, "A questão da violação dos direitos humanos dentro da Igreja" (4); havia já sido apresentada, na forma de artigo, na VI Semana Teológica em Petrópolis, em fevereiro 1977, publicado na *REB*[121], e coloca uma questão nevrálgica na medida em que pensa tal tema não pela ótica legalista dos que resumiriam tal questão aos escândalos sexuais, mas à luz do direito de opinião, de decisão, questionando o alijamento dos leigos das esferas de poder.

Não obstante, Boff pergunta-se em seguida "O poder e a Igreja podem se converter?" (5), e responde que sim, pela "refontalização[122] no sentido evangélico de autoridade, despojando-se de todo 'poder-dominação'". Esse texto foi uma conferência pública realizada em Porto Alegre (RS) no contexto do Sínodo dos Bispos de 1974 sobre evangelização do mundo contemporâneo, mas ainda era inédito.

A sexta parte, "O catolicismo romano: estrutura, sanidade, patologias" (6), é uma das mais polêmicas, em que reside a discussão sobre a relação católicos-protestantes, um dos centros (talvez o principal) da contradição Boff-Santa Sé. O texto foi apresentado anteriormente na V Semana Teológica de Petrópolis, em fevereiro de 1976, e publicado na *REB*[123], depois ainda apresentado em um encontro teológico-pastoral em Verona, em maio de 1978, e publicado no livro *Religiosità popolare e cammino di liberazione*[124].

Na sequência, Boff ruma refletindo "Em favor do sincretismo: a produção da catolicidade do catolicismo" (7) e pensa a relação entre cultura e religião e entre as mais variadas religiões que se encontram no Brasil, especialmente do encontro do catolicismo com as religiões afro e ameríndias. O texto havia sido apresentado a Congresso interdisciplinar, realizado sob os auspícios de Dom Avelar Brandão Cardeal Vilela e publicado na *Revista de Cultura Vozes*[125].

Quando discorre sobre as "Características da Igreja numa sociedade de classes" (8), Boff recorre ao conceito de *Modo de produção religioso*, decorrente da teoria das trocas simbólicas de Bourdieu, citado pelo autor, mas que está dentro do bojo da tradição marxista de análise, também um dos centros da polêmica. Trata-se de um texto produzido para o III Encontro Intereclesial

---

[121] REB. [*S. l.*] n. 145, p. 143-159, 1977.

[122] No sentido de retorno à fonte.

[123] REB. [*S. l.*], n. 141, p. 19-52, 1976.

[124] A CURA de L. Sartori. *EDB*, Bologna, p. 113-166, 1978.

[125] REVISTA DE CULTURA VOZES. [*S. l.*], n. 71, p. 53-68, 1977.

Nacional das Comunidades Eclesiais de Base, realizado em João Pessoa (PB), em julho de 1978, e publicado na revista *Sedoc*[126].

Então o autor passa a focar a questão das CEBs no "A comunidade eclesial de base: o mínimo do mínimo" (9), em que o autor trabalha o que são e a que vieram as CEBs. Sua versão original foi preparada em alemão, para ser apresentada no *Katholikentag*, em 1980, e posteriormente traduzida para o português para publicação na revista *Convergência*[127].

O autor avança em busca d'"As eclesiologias subjacentes às comunidades eclesiais de base" (10), em que se chega à questão da eclesialidade das CEBs, isto é, sua relação com a Igreja institucional, em texto preparado para o I Encontro Intereclesial das CEBs, em Vitória (BA), realizado em janeiro de 1975 e publicado na revista *Sedoc*[128].

Quando Boff coloca o questionamento "É justificada a distinção entre Igreja docente e Igreja discente?" (11), é impossível não lembrar a tão propalada (e aqui irrecorrível) influência de Paulo Freire e sua pedagogia sobre a *Teologia da Libertação*, pois sua lógica do educador-educando e educando-educador coaduna-se de modo evidente com o espírito do texto de Boff, cujo capítulo apresenta um subtítulo denominado "Docens e discens são duas funções e não duas frações na Igreja". Foi anteriormente publicado na revista *Concilium*[129].

A penúltima parte, "Uma visão alternativa: a Igreja sacramento do Espírito Santo" (12), é, na verdade, a versão traduzida para o português do capítulo XI da tese doutoral, em alemão, de Boff — "*Die Kirche als Sakrament in Horizont der Welterfahrung*" —, e tem uma relação mais orgânica com o último, "Uma estruturação alternativa: o carisma como princípio de organização" (13). Aquele trata de modo mais geral da pneumática[130] e sua intrincada relação com a realidade da Igreja, enquanto este se debruça sobre

---

[126] SEDOC. [*S. l.*], n. 118, p. 824-842, 1979.

[127] CONVERGÊNCIA. [*S. l.*], n. 140, p. 78-83, 1981.

[128] SEDOC. [*S. l.*], n. 81, p. 1.191-1.197, 1975.

[129] CONCILIUM. [*S. l.*], n. 158, p. 69-75, 1981.

[130] Campo da teologia que reflete sobre o Espírito Santo.

os carismas[131] propriamente ditos. Nesse último e ainda inédito capítulo, fecha-se o sentido geral do livro. Quando Boff afirma no próprio título *Igreja: carisma e poder* fala justamente da tensão entre esses dois princípios, um que se centra sobre o poder dos cargos e o autoritário poder que a estrutura da Igreja a eles confere, e outro que propõe a organização da Igreja tendo como fundamento as potencialidades de cada cristão; ordenado ou não, Boff situa-se como propugnante de um equilíbrio entre os dois extremos.

Vejam, Leonardo Boff não era só um teólogo, trabalhava na Editora Vozes, onde coordenava vários trabalhos, tais como a edição da *Revista Eclesiástica Brasileira* e a seção brasileira da internacional *Concilium*. Era também assessor da CNBB, e sua rotina era um turbilhão de cursos, palestras, conferências, além de escrever seus próprios livros. Vê-se que a proeminência do teólogo alçava uma perspectiva bastante grande, projetando suas ideias e o movimento de que ele fazia parte, o *Cristianismo de Libertação*, em todo o Brasil.

Mas Boff era também um padre, e como tal estava sob o governo de um bispo, determinado pela geografia de sua sede[132]. Como Boff era sediado em Petrópolis, o arcebispo a quem Leonardo se remetia era o da Arquidiocese do Rio de Janeiro, Dom Eugênio Sales.

O bispo do Rio era um grande adversário da *Teologia da Libertação* no Brasil. Depois de um começo de carreira relativamente progressista no Nordeste, Dom Eugênio, na Arquidiocese do Rio de Janeiro, virara um ícone e referência do conservadorismo católico no Brasil[133], contrastando com o arcebispado contundentemente progressista de Dom Paulo Evaristo Arns, em São Paulo, cuja ênfase na defesa dos Direitos Humanos e investimento na denúncia contra a ditadura militar é reconhecida internacionalmente e indelével marca do referido bispo.

---

[131] Os carismas são dons conferidos pelo Espírito Santo aos fiéis para a edificação da Igreja. Há carismas considerados extraordinários, cujo exercício é acentuado nos movimentos pentecostais, tais como "dom de línguas", "dom de cura", "dom de milagres" etc., e carismas ordinários, que podem ser considerados como aqueles que se situam tais quais talentos como traquejo para falar, para lidar com burocracia etc.
Como os carismas aparecem vigorosamente nas cartas de Paulo, a organização da Igreja segundo as potencialidades de cada um é assim creditada a uma organização sob o "princípio paulino", enquanto a ênfase no poder é denominada "princípio petrino", ou seja, ligada a uma tradição vinda de Pedro, que é considerado, pela Igreja, como primeiro ocupante do cargo papal.

[132] A única exceção para tal regulação é para os militantes da Opus Dei, movimento agraciado com uma prelazia pessoal, ligada diretamente ao papa; assim, nenhum membro da Opus Dei responde ao bispo de sua diocese, mas tão somente à sua organização.

[133] SERBIN, 2001, p. 131.

II

DOM EUGÊNIO SALES CONTRA LEONARDO BOFF

Introdução

Cronologia da polêmica:

1. 1981. Lançamento do livro *Igreja: carisma e poder*;

2. 01.1982. Edição *Pergunte e responderemos*, Dom Estevão Bettencourt critica o livro;

3. 02.1982. Recensão de Urbano Zilles, oficialmente assumida pela Comissão Arquidiocesana para a Doutrina da Fé, Revista Boletim do Clero.

4. 12.02.1982. Carta de Frei Leonardo ao Bispo Auxiliar do Rio de Janeiro Dom Karl Josef Romer, presidente da Comissão Arquidiocesana para a Doutrina da Fé;

5. 12.02.1982. Carta de Frei Leonardo Boff ao Cardeal-Arcebispo do Rio de Janeiro Dom Eugênio de Araújo Sales;

6. 12.02.1982. Carta-informação de Frei Leonardo Boff ao Cardeal Joseph Ratzinger, prefeito da Congregação para a Doutrina da Fé em Roma;

7. 25.02.1982. Carta-resposta do Cardeal Dom Eugênio de Araújo Sales a Frei Leonardo Boff;

8. 03.1982. "Esclarecimento", texto de Boff acerca da recensão de Urbano Zilles assumida pela CADF-RJ, *Revista Boletim do Clero*;

9. S/d. Segunda carta de Boff a D. Romer;

10. 24.03.1982. Carta de D. Romer a Boff;

11. 03.04.1982. Artigo de Dom Boaventura Kloppenburg criticando Leonardo Boff, "Nosso Frei Leonardo Boff", *Revista Communio*;

12. 04.1982. "Por que mantenho integralmente minha crítica ao livro Igreja: carisma e poder", réplica de Urbano Zilles em face do "Esclarecimento" de Boff, *Revista Boletim do Clero*;

13. 04.1982. "Por que o livro de Leonardo Boff, Igreja: Carisma e Poder, não é aceitável? (Na fé, um não ao livro, todavia uma palavra de confiança no homem de fé)", *Revista Boletim do Clero*;

14. *1982. Revista Grande Sinal 36*, tréplica de Boff à réplica de Zilles;

15. 06.1982. Resposta de Frei Leonardo Boff a Romer, "Mística e não mistificação", *Revista Eclesiástica Brasileira*[134].

Comecemos pelo primeiro elemento da polêmica, a recensão de Urbano Zilles e da Comissão Arquidiocesana de Doutrina. A Arquidiocese do Rio, que sempre guardou reticências mil em relação aos pensamentos de Boff, partiu para o ataque por ocasião da publicação do livro *Igreja: carisma e poder*, pela Editora Vozes, em 1981. Um processo foi aberto para analisar o livro por meio da então recém-criada Comissão Arquidiocesana para a Doutrina Fé, presidida por Dom Karl Josef Romer.

A primeira atitude da Comissão foi encomendar uma apreciação do livro pelo teólogo Urbano Zilles, então professor da PUC-RS, que viria a ser estampada na *Revista Boletim do Clero* de fevereiro de 1982 e assumida de pleno pela CADF-RJ, que aproveita para apontar, em nota que acompanhou a publicação da análise, que

> O primeiro propósito da recensão não é colocar em jogo a intenção subjetiva de um autor, mas compara com a fé apostólica da Igreja a doutrina pessoal de um teólogo e seus verdadeiros ou falsos argumentos.

---

[134] Todos os documentos elencados têm o fac-símile compilado na edição: MOVIMENTO NACIONAL DOS DIREITOS HUMANOS (MNDH). *Roma Locuta*: documentos sobre o livro Igreja: carisma e poder de Frei Leonardo Boff. Petrópolis: Vozes; SIN, 1985. Doravante, somente farei referência aos documentos no texto, pois já estão explícitos nome, autor, data e fonte de todos.

Há um claro propósito de desmerecimento do autor na nota, pois nega a organicidade de sua teologia com um corpo teórico mais amplo, a TL e um movimento real também mais amplo, o *Cristianismo de Libertação*, classificando-a meramente como "a doutrina pessoal de um teólogo".

1. A recensão

Embora um pouco extensos, optei por trazer alguns trechos dos documentos da polêmica:

> O livro apresenta aspectos altamente positivos [...] contudo manifesta certa continuidade de uma tendência desde *Jesus Cristo Libertador*. Reassume a atitude da teologia liberal protestante do século XIX como a de A. Von Harnack, A. Ritschl, Schleiermacher e outros. Isto se manifesta já na introdução ao primeiro capítulo quando fala "da emergência de uma Igreja que nasce das bases populares". Poderíamos perguntar: a Igreja nasce de Cristo e dos apóstolos ou simplesmente do povo de hoje? É, então, o Jesus histórico apenas um membro do povo? E o que se entende por povo? Não faz a hierarquia parte do povo? O ponto de partida da teologia em pauta é, a rigor, o ponto de vista pessoal. Os representantes da "teologia liberal" protestante queriam, com grande capacidade de sentimentos e afetos, destruir o dogma, colocando novos. Viam no NT um Jesus amigo dos homens, o artista, o revolucionário, o existencialista, o mestre de uma mensagem ética e nada mais. Jesus era descrito como representante de uma religião da interioridade, da humanidade e da moralidade, salientando-se suas qualidades humanas para nelas encontrar os vestígios de sua divindade. A teologia liberal protestante reagira contra uma teologia tradicional que estava tão fascinada pela divindade de Jesus que quase esquecera sua humanidade. Mas nesta reação a teologia passou a outro extremo, reduzindo-se a uma antropologia, i.é, passou a falar do homem simplesmente a partir do homem, sem dar maior significação à singularidade histórica de Jesus para situações históricas posteriores. Esta problemática parece-me estar presente também neste livro de Boff. Percebe-se, geralmente, uma tendência muito forte para 'liquidar' a Igreja Institucional. Parte do pressuposto de que a Igreja Institucional, que aí existe, nada tem a ver com o Evangelho. Nela tudo é mentira e ilusão. Deve ser desmascarada e desmistificada. Boff mostrou-se um mestre da desconfiança. Só teoricamente vê os ministérios hierárquicos

> como um carisma importante. A ordem é insignificante para o A. Na própria história da Igreja, segundo o autor, só teria havido lugar para santos submissos (p. 181). Esquece que desde S. Paulo, passando por Francisco de Assis até nossos dias, também houve santos revolucionários.

O autor trabalha para comprometer Boff não somente em eventuais equívocos teológicos, formulações mal resolvidas ou contrárias à Igreja, mas coloca em questão algo mais profundo, a própria fé. Ou seja, não se trata desta ou daquela formulação teológica, mas da própria intenção da qual o texto de Boff vem imbuído. Advoga-se a tese de que ele propõe um Jesus não divino, meramente propositor de uma ética.

Não obstante, Zilles não permite que se escape pela possível argumentação de um mal entendimento do livro em questão; pelo contrário, defende que o livro em tela "manifesta uma certa continuidade de uma tendência desde Jesus Cristo Libertador" que comunga de alguns pressupostos da teologia protestante liberal, que via "no NT[135] um Jesus amigo dos homens, o artista, o revolucionário, o existencialista, o mestre de uma mensagem ética e nada mais". Aqui se perfaz um caminho dos mais conhecidos quando o assunto é o combate à *Teologia da Libertação*; sua desqualificação como "sem espiritualidade", tal como na afirmação de João Paulo II de que a TL "não é uma verdadeira teologia"[136], afirma-se o acento da TL na práxis como redução a esta mesma práxis, esvaziando-a de significado espiritual.

Zilles afirma que Boff advoga que na Igreja "só teria havido lugar para santos submissos", esquecendo-se, segundo Zilles, de que, desde São Paulo até São Francisco de Assis, também houve santos revolucionários.

Zilles afirma que Boff "Parte do pressuposto de que a Igreja institucional, que aí existe, nada tem a ver com o Evangelho. Nela tudo é mentira e ilusão. Deve ser desmascarada e desmistificada". E que sua análise da religião se dá não de uma perspectiva teológica, mas gramsciana, à semelhança do já condenado Hans Küng.

Está aí apontada, por lógica, também a condenação de Boff. A oposição que se estabelece dele com a Igreja institucional, e não com o modelo vigente desta, logra desqualificar a opinião de Boff, reafirmando a assimetria da disputa, pois informa a oposição entre Boff e "a" Igreja, na qual a desvantagem do teólogo é notória.

---

[135] Novo Testamento: abreviatura do original.

[136] BERNSTEIN; POLITI, 1996, p. 207.

Tal estratégia vai ao encontro do posicionamento das peças nesse complexo xadrez. Isso porque os portadores principais do capital simbólico da Igreja Católica, o papa e a Cúria, foram os mais interessados no combate à TL. E, se o poder de Boff em sua militância social, de certo modo, também residia no poder simbólico dele como representante de Deus, sacerdote ordenado, contra as instâncias da Igreja os polos dessa equação se invertiam, ele era só um padre contra "a" Igreja.

Um bispo carrega consigo um poder simbólico bastante mais denso do que o de um padre, e, como participante do governo da Igreja, o bispo controla uma instância dela, no caso, a arquidiocese, e nesse caso, especificamente, a labuta é contra um cardeal cuja posição na Igreja é ainda mais privilegiada — não por acaso, a cada cardeal é atribuída a alcunha de *Príncipe da Igreja*.

O Concílio Vaticano II não apontou univocamente para o rumo da libertação, ele só criou uma liberdade experimentativa para o afloramento dessa perspectiva servindo-se da realidade mesma da Latino-América e da ação dos agentes pastorais na sociedade e Igreja. Assim, a TL não foi o único fruto da *Primavera da Igreja*, mas talvez o mais importante até a década de 80. Nessa década, as forças conservadoras, e com grande poder no Brasil, começam a investir numa resposta mais espiritualista à sociedade. E nesse bojo também se insere a Renovação Carismática Católica, que havia tentado uma aproximação com a TL na década anterior, mas rompe com a perspectiva da libertação, não gratuitamente em 1978, ano de eleição de João Paulo II[137]. Curiosamente, o estado em que a RCC é mais organicamente ligada à Igreja institucional é o Rio de Janeiro, e Dom Eugênio, seu principal apoiador[138].

Continuando a recensão:

> O A. apresenta quatro modelos de Igreja [...] critica o segundo modelo porque a Igreja aparece como uma Igreja *para* os pobres e não tanto *com* os pobres e *dos* pobres, realizando-se numa relação com os poderes estabelecidos e não com os movimentos emergentes (reformadores, inovadores, revolucionários). Critica o modelo da Igreja como sacramento da salvação (Vaticano II: *Lumen Gentium*) porque a relação com os pobres se relaciona *a partir dos ricos*, da prática burguesa. Enfim decide-se o A. por uma Igreja *a partir dos pobres*. Este modelo é o mesmo que o anterior, ou seja, apenas muda o

---

[137] LACERDA, 2006.

[138] SOUSA, Ronaldo José de. *Carisma e instituição*: relações de poder na Renovação Carismática Católica do Brasil. Aparecida: Santuário, 2005.

ponto de vista. Teologicamente tem as mesmas fraquezas. Parece apenas ser questão de oportunismo histórico pois "são as classes populares, novo sujeito histórico emergente, que, provavelmente, decidirá os destinos da sociedade futura". Em outras palavras, se os ricos não mais têm a segurança do poder, cabe passar rapidamente para o lado dos pobres (p. 27). A Igreja, que segundo o A. antes partia dos ricos, agora parte dos pobres para dirigir-se a todos, não mudou, pois, o modelo, mas apenas a classe social de apoio à hierarquia. Assim nenhum dos quatro modelos caracterizados toca a questão fundamental: a Igreja a partir de Cristo que transcende classes sociais, por sua *missão universal*. Aliás, parece que a descrição dos quatro modelos nada tem a ver com o que o A. escreve sobre "a correta articulação: reino-mundo-Igreja" (p. 16-17).

O autor se torna dogmatista sempre que se refere à Igreja institucional. Através de simplificações universais de gabinete só a vê do lado dos ricos.

Esquece que a preocupação pelos pobres existiu na Igreja de todos os tempos, que até foi uma das preocupações do fundador da ordem franciscana, há aí, sem dúvida uma "heresia" na análise da realidade histórica e social, que também na América Latina é bem mais diferenciada. Chavões, "a pobreza que Deus não quer" (p. 39), não resolvem. *Deus não quer a miséria que avilta a dignidade humana, mas quer pobres, pois estes são bem-aventurados.* Ademais pode questionar-se o pressuposto deste tipo de análise, pois, *não é evidente se as estruturas são causas ou apenas efeito de uma situação social de classes na América Latina*[139].

A recensão argumenta então que a escolha dos pobres como foco privilegiado da ação da Igreja apenas reverte o polo de uma mesma lógica, isto é, a de uma Igreja excludente que opta pela classe dominante. Segundo Zilles, trata-se de uma tática oportunista que Boff defende para a Igreja, porquanto Leonardo afirma que "são as classes populares, novo sujeito histórico emergente, que, provavelmente, decidirá os rumos da sociedade futura".

Na verdade, Zilles não se opõe, nesse ponto, a uma interpretação social baseada no conceito de classes sociais, o que faz é desconsiderar essa realidade para efeitos da ação da Igreja. Para ele, a Igreja tem uma "Missão Universal", que transcende as classes sociais. Aqui se dá um ecletismo intelectual, ao

---

[139] CADF-RJ, *op. cit.*, p. 15, *Apud* MNDH, 1985

mesmo tempo que se admite uma teoria que explica a sociedade baseada no modelo de classes sociais, não aceita os desdobramentos naturais dessa teoria. Não necessariamente, na teoria da sociedade de classes, há a pressuposição de determinações, mas os condicionamentos são inescapáveis. As possibilidades de ser-no-mundo, sem nada responder à sociedade de classes, são algo dificilmente defensável.

Zilles, embora aceite a realidade das classes, não compreende suas raízes segundo os processos de condicionamentos e ação social; vê nas nuances individuais a saída para problemas sociais, faz coro com os tradicionais que apontam que o problema que está na raiz dos males é o pecado individual, o grande mal a ser combatido. Essa interpretação torna as transformações históricas reféns unicamente das subjetividades, ou seja, o mundo mais caminha em determinado sentido à medida que mais pessoas vão se convencendo, uma a uma, de que aquele é o melhor sentido, sem que atuem sobre eles condicionamentos e forças sociais.

1.1 Os pobres: preguiçosos ou oprimidos?

Por fim e em consonância com o anteriormente dito, Zilles afirma que: "não se pode negar que na raiz histórica do povo latino-americano há também o problema de não querer trabalho, mas emprego, de querer enriquecer de uma só vez (loterias, jogo do bicho etc.)". Aqui, lembre-se de que essa recensão não é pessoal, mas endossada pela CADF-RJ, e aponta uma contradição que vejo como a mais essencial, isto é, uma discordância acerca da raiz da pobreza.

A TL funda-se na ideia de que há um *pecado social*, estrutural, ao qual deve se opor o verdadeiro cristão; esse pecado social é a exploração derivada do capitalismo. Ao se desmontar tal ideia, não há mais embasamento para a militância libertadora. Se o problema da pobreza reside não no "empobrecimento", processo causado pela exploração de outrem, como pressupõe Boff, mas na preguiça e na avareza do povo latino-americano, mudança estrutural nenhuma poderia isso resolver; se se trata mais de um problema interior, seria mais bem combatido com o empreendimento de uma ação de conversão do que de militância.

Na *Teologia da Libertação*, o pobre é tomado primeiramente como ponto de partida do processo teológico por dois motivos. Primeiro porque a *Teologia da Libertação* representa uma inversão do método teológico, enquanto os tradicionais partem dos princípios abstratos, doutrinários, enfim, ortodoxos, para, com base neles, relacionar-se com a sociedade; os libertadores partem da práxis social, para refletir sobre como o cristão deve se posicionar socialmente, ortopráxis[140].

Nesse sentido é que entendemos a pergunta-base de toda a construção da *Teologia da Libertação*, formulada por Leonardo Boff, "Como ser cristão num mundo de empobrecidos?"[141]. Para a *Teologia da Libertação*, é na interrogação da realidade concreta que o teólogo formula sua teologia.

Corrobora essa posição Dom Pedro Casaldáliga, quando afirma que:

> *No primeiro momento a TL, nascida em nossa América, dava luz e respaldo evangélico às comoções sociais e às específicas comoções eclesiais, sobretudo eclesiásticas. Era a época do Concílio e do pós--Concílio, era a época de Medellín. A agitação social e política de nossa América, principalmente, pedia dos cristãos uma definição. Não era possível assistir passivamente à situação de tempo novo e da exasperada reação do poder sem intervir também teologicamente. Muito se tem repetido a singularidade dessa TL e da nossa Igreja latinoamericana: um continente cristão (maiormente católico) e simultaneamente um continente de ditaduras cruéis.[142]*

Dom Pedro pensa a TL como uma resposta à calamitosa situação social e eclesial vivida no continente americano, assolado por ditaduras militares. Isto é, o bispo informa uma questão básica da TL, que é rejeição de categorias abstratas de teologia a serem consumidas e a assunção da tarefa de, partindo da realidade, refletir sobre o que a fé nos diz sobre ela, como julgá-la e como sobre ela atuar.

Para se partir da realidade, é preciso entendê-la, é preciso uma teoria de entendimento da realidade para poder julgá-la adequadamente, e a teoria encontrada foi o marxismo. Löwy[143] lembra que o marxismo utilizado pela *Teologia da Libertação* jamais fora um marxismo ortodoxo, estruturalista, mas aproxima-se das correntes humanistas dentro do marxismo. Em uma

---

[140] A ortopráxis é o princípio epistemológico da Teologia da Libertação. Trata-se da partida da realidade para então se encontrar a teologia. Posteriormente a esta polêmica, Clodovis Boff, irmão de Leonardo Boff, publicou um artigo afirmando que o principal erro da TL fora a ortopráxis (inclusive dele mesmo, consagrado teólogo até então libertador), que se deve antes partir de Deus para depois chegar-se ao pobre, e não o contrário. Leonardo Boff respondeu em outro artigo, forjando uma das mais recentes e ardorosas querelas da teologia latino-americana.

[141] *Apud* ROLIM, Francisco Cartaxo. Neoconservadorismo eclesiástico e uma estratégia política. *Revista Eclesiástica Brasileira*, [s. l.], n. 49, fasc. 194, jun. 1989. p. 266.

[142] CASALDÁLIGA, D. Pedro. [*Entrevista*]. [Entrevista concedida ao] autor. [*S. l.*], 3 jun. 2010. s/p.

[143] LÖWY, 2000.

perspectiva mais ampla da relação entre centro e periferia do capitalismo, utilizou-se a *Teoria da Dependência*; enquanto, para a compreensão dos meandros da exploração na sociedade, lançou-se mão de autores como Marcuse, Goldmann, Ernst Bloch, entre outros.

A utilização crítica do marxismo permitiu aos teólogos da libertação incorporar questões não propriamente de classe, mas que constituem opressões reais, tais como a questão dos negros, dos indígenas, de gênero, dos deficientes físicos, dos idosos, entre outros. O conceito de explorado amalgamou o proletariado, na medida em que o conceito inclui uma realidade do antagonismo de classes e um pressuposto caminho de sua superação; e o pobre, figura bíblica, também identificado com o explorado (na visão da TL), incorporado nessas novas perspectivas de exploração. Na América Central, os teólogos da libertação formularam um termo sintético para essa amálgama conceitual: o "pobretariado"[144].

Por último, é preciso dizer que, na *Teologia da Libertação*, o pobre aparece não só como realidade material que empurra o cristão para o engajamento social e a superação da exploração, mas também como sujeito das transformações da sociedade e da Igreja. O pobre aparece como sujeito histórico, e não mais como objeto da ação de outrem. Na sociedade ele atua para transformar sua própria condição, enquanto na Igreja a *Teologia da Libertação* deseja a Igreja-comunidade, em que todos participem decisivamente, na qual os agentes religiosos sejam escolhidos pela comunidade, enfim, uma Igreja de baixo para cima, incorporando o protagonismo popular.

Para os conservadores, os pobres aparecem diferentemente. Em primeiro lugar, sua teologia vem a priori da realidade, a mensagem divina é imutável, independe da realidade de sua produção. A Igreja não deve pautar-se nas classes sociais, mas dela deve emanar uma mensagem universal. A Igreja deve estar aberta a todos, escapando das contradições sociais. Especialmente a Igreja deve evitar quaisquer leituras que levem à luta de classes. A superação da pobreza material está justamente na conversão de toda a sociedade que, investida de uma nova e cristã perspectiva, combata a pobreza por meio da caridade. Não obstante, a ausência da mesquinhez, egoísmo e preguiça nessa nova sociedade catolicizada impediria o retorno da pobreza. Como afirma o teólogo Urs von Balthasar, "Na realidade, as situações poderão ser injustas,

---

[144] *Ibidem*, p. 124.

mas em si mesmas não são pecaminosas, pecadores serão os que têm a culpa dessas situações e as permitem podendo eliminá-las ou melhorá-las"[145].

Mas a questão do pobre, para os conservadores, é, antes de tudo, a questão da "pobreza evangélica, a das bem-aventuranças – bem-aventurados os pobres em espírito, isto é, aqueles que (possuindo ou não bens materiais) têm o coração desapegado dos bens e interesses terrenos"[146].

A pobreza é uma condição espiritual, não uma condição concreta a ser superada, mas uma realidade interna a ser alcançada. Devem todos, mesmo os ricos, ser pobres de espírito, permitindo uma harmonia de classes sem transformação das condições concretas de exploração. Como visto na citação de Zilles, a condição do pobre material é creditada a suas deficiências pessoais. Também nos debates da Conferência de Puebla, alegou-se até mesmo como causa da pobreza a índole do povo pouco afeita ao trabalho[147].

Conforme Rolim,

> O tema do pobre, pela ênfase do espiritual e do bíblico, desempenha a função latente de unificar o discurso anti-TL. Da mesma forma que este mesmo tema, em sua dupla dimensão básica, espiritual e sócio-econômica, é o pensamento unificador do discurso da TL.[148]

Essa dubiedade permitiu a confecção do documento final da Conferência de Puebla com a famosa *Opção Preferencial pelos Pobres*.

O conjunto dos bispos "toma precauções que tornam ambíguas muitas de suas afirmações"[149]. Na interpretação de Puebla, pode-se dizer que libertadores e conservadores falam línguas distintas; para os libertadores, o conceito de pobre acentua o aspecto socioeconômico, como na definição de Jorge Pixley e Leonardo Boff: "São os que sofrem de fundamental carência econômica. São os que estão privados dos bens materiais necessários para uma existência digna"[150]. Pobre é, nessa perspectiva, agente religioso e político, e ser cristão implica necessariamente uma opção radical por Jesus,

---

[145] *Apud* DUSSEL, 1997, p. 92.

[146] *Apud* ROLIM, 1989, p. 269.

[147] BETTO, 1979, p. 102.

[148] ROLIM, 1989, p. 270.

[149] GUTIERREZ, 1984, p. 166.

[150] *Apud* WANDERLEY, Luiz Eduardo W. *Democracia e igreja popular*. São Paulo: Educ, 2007. p. 26.

gerando um compromisso inalienável de amor aos pobres, gerando a trilogia Cristo-Justiça-Pobres[151].

Para os conservadores, os pobres materiais são objeto de caridade e os verdadeiros pobres o são de espírito, e a conceituação da TL é ideologizada, matizada no marxismo e leva inexoravelmente à violência. Nesse sentido é que o próprio Ratzinger se pronuncia, tornando, por sua manifestação, institucional a posição dos conservadores:

> A análise marxista da história e da sociedade foi considerada como a única de caráter científico. Isso significa que o mundo aparece interpretado à luz do esquema da luta de classes e que a única opção possível é a escolha entre capitalismo e marxismo [...] O conceito bíblico do pobre oferece o ponto de partida para a confusão estabelecida entre a imagem bíblica da história e a dialética marxista.[152]

2. Após a recensão, a polêmica

Leonardo Boff não tarda a reagir e, em 12 de fevereiro de 1982, envia carta ao Bispo Auxiliar do Rio de Janeiro Dom Romer, presidente da CAD-F-RJ, afirmando sua "surpresa e perplexidade" em saber de tal recensão por ocasião da leitura do *Boletim da Revista do Clero*. Leonardo afirma que "a referida recensão está eivada de erros, imprecisões e graves imputações" que, em seu entender, destroem o objetivo de esclarecimento proposto. Nessa linha, argumenta que não põe em dúvida a intenção da CADF-RJ, mas lamenta o conteúdo da recensão e solicita publicação de sua resposta no mesmo espaço da crítica de Zilles.

Boff começa dizendo que Zilles "padece de graves erros de leitura da letra" de seu texto, começando pela questão dos santos, acerca da qual Zilles afirma que, para Boff, "só teria havido lugar para santos submissos", quando o livro traz a seguinte passagem: "quase a totalidade dos santos *modernos*[153] (modernidade na qual se realizou plenamente o monopólio hierárquico) são santos do sistema...", gerando uma dupla deturpação, a que reduz a "só", quando se afirma a "quase totalidade", portanto o texto original não açambarca todo e qualquer santo moderno, mas "somente" a maioria; e outra que aponta novo equívoco de Zilles, lembrando ao autor que se enganou ao

---

[151] *Ibidem*, p. 28.

[152] *Apud* DUSSEL, 1997, p. 105.

[153] Grifo do autor.

convocar São Paulo e São Francisco para se contrapor à afirmação de Boff, pois fez isto desconsiderando que ele falava de santos "modernos", critério no qual nenhum dos dois se encaixa.

A recensão afirma que Boff vê a Igreja como "um dinossauro insaciável" e compara sua forma de governo com o Partido Comunista[154] da Rússia. Leonardo afirma que sua expressão "Dinossauro insaciável" não se refere à Igreja, mas à lógica do poder, diz que não apresenta a TL como única opção para a Igreja ou os pobres como sua única preocupação, como se apresenta na recensão, e rejeita em absoluto o pressuposto atribuído por Zilles "de que a Igreja institucional, que aí existe, nada tem a ver com o Evangelho. Nela tudo é mentira e ilusão. Deve ser desmascarada e desmistificada", questionando aí o autor da recensão, afirmando que talvez ele "não admita nenhuma crítica possível e válida sobre a Igreja, toda crítica seria 'liquidação' da Igreja".

Nesse quesito fundamental, que é a crítica à Igreja, Boff convoca um time de sumidades, Orígenes, Agostinho, Bernardo, Einsiedeln, Von Balthasar e Joseph Ratzinger. Aqui se vê uma tática central das defesas de Leonardo Boff: não se trata somente de demonstrar a legitimidade de determinada posição teológica pela argumentação e pelo esmiuçamento da questão, mas lembrando as teorias de outros teólogos, próximos do Vaticano, como Ratzinger, o próprio presidente da Congregação para a Doutrina da Fé, em Roma, e Von Balthasar, bastante próximo de João Paulo II, ou de incontestes santos, como São Paulo e Santo Agostinho.

A mesma tática dá-se à frente. Para a recensão da CADF-RJ, o livro *Jesus Cristo libertador*, do começo da década de 70, já estaria na linha de considerar Jesus um artista, um revolucionário, mestre da ética e nada mais, ou seja, objetiva-se que essa postura condenável de negação da divindade de Cristo se estenda por toda a biografia de Boff. Contudo, Dom Romer escrevera, em ocasião passada, que o livro *Jesus Cristo libertador* "é um vivo testemunho de fé, e – partindo de Jesus – conduz seguramente ao seu Ministério Divino"[155]. Ao confrontar tais disparidades, o teólogo opõe a CADF-RJ a seu próprio presidente.

---

[154] Em 1980, isto é, um ano antes da publicação do *Igreja: carisma e poder*, o sacerdote estadunidense Andrew Greeley publicou o livro *Como se faz um papa*, em que revela os bastidores das eleições de Albino Luciani como João Paulo I e Karol Wojtyla como João Paulo II. Na p. 61 o autor faz um aparte para informar que o embaixador francês no Vaticano havia comentado que o Vaticano funcionava exatamente como o Kremlin, com a diferença de que no Kremlin todos sabiam quem fazia parte do Politburo, e no Vaticano não. De fato, não sabemos se Boff leu tal livro antes de sua polêmica obra, mas fica expresso que a comparação entre a Cúria e o Partido Comunista da Rússia não era uma invenção de Boff.

[155] BOFF, L. Esclarecimento *Apud* MNDH, 1985.

Antes do término, Boff argumenta:

> Todos estes erros de leitura da letra do texto revelam o parco rigor do comentarista Urbano Zilles, que levam mais a confundir os leitores do que a propiciar-lhes uma 'orientação clara'. Este pouco cuidado com a exatidão, sabendo que se trata de um juízo assumido por uma instância oficial como a Comissão Arquidiocesana para a Doutrina da Fé, se mostra ainda mais grave quando se emitem juízos mais globais sobre a obra em tela. Evidentemente cada leitor e o recenseador podem ter a opinião que quiserem de minha obra *Igreja: Carisma e Poder* ou de qualquer outro livro. Mas uma vez que se dispõe a publicá-la, espera-se que ela tenha um mínimo de objetividade calcada sobre a letra e o espírito do texto.[156]

Para Boff, as críticas de Zilles e da CADF-RJ não são sobre seu texto, mas sobre outro, fictício, gestado nos grosseiros erros de leitura. Essa abordagem das críticas, por parte de Boff, passa a ser sistemática em todos os seus pronunciamentos na presente querela, assim como na segunda fase da polêmica, que denominamos "fase romana". Quando recebe a primeira carta crítica de Roma, a Boff foram dados 30 minutos para rejeição ou aceitação das críticas. Depois de lida, a carta foi aceita de pleno por Boff sem que considerasse capitulação, pois, segundo ele, as críticas eram verdadeiras e justas; o único equívoco, para Boff, era que as posturas criticadas eram apontadas como posturas adotadas no livro em questão. Para Boff, o pastiche, ajuntamento de trechos dispersos e desconexos, e os erros de leitura geraram interpretações de posturas ausentes do livro *Igreja: carisma e poder*.

Boff também chama atenção repetitivamente para a assunção do texto pela CADF-RJ; à frente, trabalharemos a questão do peso simbólico presente na condenação do livro, não por um colega teólogo, e sim pela Igreja, ainda que na sua instância mais próxima do escritor, mas que viria a ser corroborada[157] pela instância universal.

Antes mesmo da publicação do "Esclarecimento" de Boff, o autor fez conhecer a questão o Cardeal Dom Eugênio Sales, por via de carta em 12 de fevereiro, que levava, anexas, a recensão e sua resposta. Da mesma forma, fê-la conhecer ao prefeito da Congregação para a Doutrina da Fé, em carta, alegando, a respeito de como Zilles interpreta sua relação com a Igreja institucional, que não pode "aceitar tal imputação pois é simplesmente falsidade".

---

[156] Idem.

[157] Na verdade, o conteúdo do questionamento vaticano é diferente, mas inscreve-se na mesma batalha.

Em tal carta, expressa sua intenção: "envio este material para *informação*[158] desta Sagrada Congregação, antes que cheguem interpretações apressadas", sobre a qual se apoiará diante da "acusação" de Dom Eugênio e de Joseph Ratzinger de que o procedimento em Roma era um pedido seu, em apelo à postura da Arquidiocese do Rio de Janeiro.

A citada carta ao Cardeal D. Eugênio também solicitava a publicação do "Esclarecimento". Em 25 de fevereiro, o cardeal responde afirmando que passara a questão para que Romer a estudasse, e defende que um eventual mal que o artigo de Padre Urbano "Ziller" (*sic*) poderia causar era menor do que o mal causado pelo livro em questão, às pessoas menos críticas. Termina chamando Boff à memória, dizendo que sua defesa utiliza uma passagem otimista de D. Romer, mas que se esquece de apontar as graves restrições ali constantes.

Depois da contestação de vários pontos da recensão constantes no "Esclarecimento" de Boff, Zilles publica na mesma revista sua réplica, denominada "Por que mantenho integralmente minha crítica ao livro Igreja: carisma e poder", em que reafirma sua visão sobre a obra. A questão central apresentada na réplica é que as críticas do livro não derivam de erro de leitura do texto, "mas de uma leitura decorrente da própria ambigüidade do texto", ou ainda de uma leitura crítica do texto, e não de afirmações pontuais.

> Em resumo, não se trata de erros de leitura da letra do texto. Assim infelizmente os 'Esclarecimentos' do A. pouco ou nada diminuem minha crítica. Seria os apelos aos "erros de leitura da letra" um recurso com o objetivo de desviar a atenção do leitor da verdadeira crítica? [...] Para concluir, parece-me improcedente o esclarecimento, que, enquanto se refere a posição pessoal do A. aceito como verdadeiro, mas, enquanto se refere a minha recensão, não traz nenhum argumento convincente, apesar dos apelos finais. Por isso, por enquanto, mantenho integralmente minha crítica ao citado livro.

Zilles entende como não procedentes as críticas de Boff à sua recensão e afirma que aceita, como posição pessoal, o escapamento da pessoa do autor das imputações por si formuladas, mas não das críticas objetivamente ao livro.

Leonardo Boff insiste em responder a Zilles e escreve a D. Romer solicitando uma tréplica, a que ele responde que a questão está, para o *Boletim da Revista do Clero*, encerrada, negando tal publicação.

---

[158] Grifo nosso.

Ao argumentar a importância de não permitir uma crítica que depreciasse suas teorias como correlatas àquelas que levam à compreensão de Jesus como "um mero homem" e "de que na Igreja institucional tudo é mentira e ilusão", Boff afirma que tal situação levaria dúvida a muitos bispos, agentes de pastoral e outros que recebem o teólogo em pregações de retiros, palestras, cursos, entre outros. Essa preocupação aparece na carta a Dom Romer em que solicita a publicação da tréplica, e na própria tréplica.

Essa preocupação reflete a própria organicidade do trabalho do teólogo na vida da Igreja do Brasil. Havia uma unidade dialética entre a ação e a reflexão sobre a realidade. Como assessores, muitos faziam o debate in loco, em documentos tais como cartilhas e manuais de pastorais e CEBs, entre outros, gerando um processo de multiplicação desses agentes intelectualizados, conformando um grande contingente leigo ilustrado nos temas de teologia e sociologia.

Além da recensão de Zilles, Dom Boaventura Kloppenburg publicou artigo crítico contra o livro de Leonardo Boff na revista *Communio*[159], depois reafirma a crítica no livro *Igreja popular* em um subcapítulo dedicado ao teólogo franciscano[160].

> Até mesmo um teólogo da categoria de nosso Frei Leonardo Boff, O.F.M., num agressivo ensaio de "eclesiologia militante", anuncia que na classe subalterna, despotenciada e em-po--bre-ci-da está nascendo uma "nova" Igreja que ele denomina Igreja Popular [...].
>
> A Igreja-Instituição ou à Igreja-Hierarquia L. Boff opõe frequentemente a Igreja-comunidade ou a Igreja-Povo-de-Deus, como se esta fosse outra, diferente, sem instituição, sem poder, sem hierarquia e sem direito canônico [...].
>
> A Igreja sonhada por L. Boff é uma Igreja de classe subalterna. Sem atender ao sentido que o Concílio Vaticano II deu à expressão Povo de Deus, L. Boff simplesmente identifica sua imaginada Igreja Nova com a Igreja-Povo-de-Deus (p. 184, título), tendo o cuidado de precisar que a categoria "povo" é tomada "no sentido de povo-classe-subalterna que se define por ser excluída da participação e reduzida a um processo de massificação (coisificação)" (p. 184). Os que não são desta classe subalterna e expropriada não são "povo" nem muito

---

[159] COMMUNIO. [S. l.], p. 126-147, mar./abr. 1982.

[160] KLOPPENBURG, O. F. M.; BOAVENTURA, D. *Igreja popular*. 3. ed. Rio de Janeiro: Agir, 1983. p. 179-186.

> menos Povo-de-Deus, embora "axiologicamente" sejam todos chamados à classe subalterna [...].

> Coordenador na comunidade de base ou Papa na Igreja universal: é tudo igual, será questão de divisão de trabalho, diferença de grau (se chega a admitir ao menos este tipo de diferença!), mas não de natureza.[161]

Kloppenburg segue a mesma linha de Zilles, demonstrando sua preocupação com a proposta de Boff que incidiria em perda de poder por parte da hierarquia. Também e principalmente lhe preocupa uma Igreja da classe subalterna, uma Igreja somente dos pobres, pois, para Kloppenburg, o conceito do Vaticano II de Povo-de-Deus não é a de povo como expropriado e empobrecido, mas um conceito que reúne toda a base de fiéis.

Também Dom Romer publica o texto "Por que o livro de Leonardo Boff, Igreja: Carisma e Poder, não é aceitável", subtítulo "Na fé, um não ao livro, todavia uma palavra de confiança no homem de fé", em que defende que na obra referida "falta... o ponto de partida teológico", e centraliza sua indignação com a obra em especial no que ela critica da Igreja-instituição, pois:

> Pelo enfoque alienado, o livro de LB [...] esquece, ou negligencia, conteúdos essenciais de nossa fé. O Corpo místico de Cristo não é a única imagem que nos possa conduzir ao mistério trinitário da Igreja. Outros conceitos [...] devem completar e explicitar aspectos do Corpo Místico. Mas aqui podemos nos limitar a este exemplo. LB empobrece, desvirtua e menospreza conceito tão fundamental. [...] Ele toma o conceito de Corpo Místico de Cristo não em sua acepção original nem no significado da teologia antes e depois do Vaticano II, mas unicamente em certas deformações pelas quais passou entre a Idade Média e o Iluminismo.

> [...] LB silencia o mistério da Igreja, isto é, desta *Igreja*. Já na Bíblia *unem-se* duas imagens sob o conceito de Igreja-Corpo. A *primeira* [...] acentua a união dos membros por força de Cristo [...]. Eles formam um corpo. É o 'corpo da Igreja' [...]. Muito mais tarde, especialmente no fim da Idade Média, acontece uma deformação deste conceito, acentuando-se unilateralmente o aspecto externo na dimensão social e organizacional da Igreja num mundo de cristandade. [...]

---

[161] *Ibidem*, p. 179-182.

> A *segunda* [...] aprofunda e explicita mais a verdadeira razão de ser deste Corpo da Igreja [...]. A Igreja é o Corpo do próprio Cristo glorioso [...]. Não os membros 'formam' o Corpo, mas o *Cristo glorioso, assumindo na fé e no batismo os homens para dentro de Si, forma-os em membros seus pela ação do seu divino Espírito.*
>
> Parece-nos o defeito mais fundamental no livro de Leonardo Boff a ausência desta base única da Igreja: esta filiação divina que é o segredo íntimo o povo novo de Deus [...]. Numa imperdoável redução do essencial da Igreja ao sociológico e organizacional [...].[162]

O artigo de Romer publicado no *Boletim da Revista do Clero*[163] foi respondido por Boff na *Revista Eclesiástica Brasileira*[164], com explicações sobre o uso da sociologia na eclesiologia e sobre a teologia do Corpo Místico de Cristo.

3. Guerra de trincheiras: os contornos editoriais da polêmica

A *Revista do Clero* era controlada por Dom Romer. No mesmo número da revista em que fora publicado o "Esclarecimento" de Boff, foi publicada a reafirmação de Zilles já aqui comentada, assim como o artigo de Dom Romer também anteriormente apontado. Isto é, foi feita concessão para a publicação da posição libertadora de Boff, mas sua dissonância foi bombardeada no próprio número da revista.

Leonardo Boff, descontente com os textos publicados na mesma edição do *Boletim da Revista do Clero*, escreveu uma tréplica e enviou-a à revista para dar prosseguimento à polêmica no espaço de seu início. Na carta ao controlador da revista, expõe seus argumentos para a continuidade da querela:

> Peço desculpas pelo fato de importuná-lo novamente [...]. Não gosto de polemizar [...]. Entretanto, o assunto não é uma querela entre teólogos. Trata-se da Comissão Arquidiocesana para a Doutrina da Fé e eu. Urbano Zilles mantém duas afirmações que eu não posso aceitar: Pque para mim, na esteira dos teólogos liberais protestantes do século passado, Jesus é um homem e nada mais, 2ªque para mim a Igreja nada tem a ver com o Evangelho, que nela tudo é mentira e ilusão, que deve ser desmascarada e desmistificada. Tudo o mais posso

---

[162] Grifo do autor.

[163] BOLETIM DA REVISTA DO CLERO. [*S. l.*], p. 30-36, abr. 1982.

[164] REVISTA ECLESIÁSTICA BRASILEIRA (REB). [*S. l.*], p. 242-244, jun. 1982.

> aceitar, essas duas não posso, por respeito a tantos bispos da A. Latina e do Brasil que me convidam a falar para seu clero e a pregar retiros em suas dioceses.

Boff centra-se em desmentir os elementos principais da crítica de Zilles, isto é, daquelas que questionam sua fé e legitimidade como teólogo católico. Acerca do tema, Zilles não fez nenhuma consideração em sua resposta ao "Esclarecimento" de Boff.

Entretanto, Romer nega a publicação em carta a Boff:

> Quero, neste momento, considerar o assunto encerrado para o Boletim da Revista do Clero. Peço-lhe a compreensão pela decisão de não se dar continuidade ao tema nesta altura.
>
> Evidentemente, sei que nenhuma recensão abrange todos os aspectos de um livro, menos ainda do próprio autor.
>
> Visto que os seus livros de ampla divulgação também no meio [sic] de pessoas que não têm todo o instrumentário crítico-intelectual para enfrentar problemas e argumentos neles expressados, não posso deixar, Frei Leonardo, de lhe manifestar mui fraternal e respeitosamente minha apreensão.

Romer fecha as portas do *Boletim*, com a aquiescência do arcebispo.

3.1 Em uma nova arena

Um dos principais elementos da luta por espaço na Igreja latino-americana eram as editoras, pois a multiplicação das ideias tinha um papel excepcional na construção desse *Cristianismo de Libertação*. A Igreja do Brasil, tendo optado a partir da década de 70 por uma linha libertadora, conseguira influenciar decisivamente o continente por vários motivos, entre eles a hegemonia da Editora Vozes, cuja editora-chefe era Rose Marie Muraro, da vanguarda feminista e militante de primeira hora desse *Cristianismo de Libertação*. Segundo a ex-editora da Vozes, os livros religiosos publicados eram quase sempre imediatamente traduzidos para 10 a 12 línguas[165].

Se o *Boletim da Revista do Clero* estava fechado para a continuada defesa de Boff diante das críticas que continuavam a ser publicadas, a Vozes não estava, de modo que Boff publica sua resposta a Zilles na *Revista Grande Sinal*

---

[165] MURARO, 2010.

e sua resposta a Dom Romer na *Revista Eclesiástica Brasileira*, cuja circulação era muito superior; e o editor, ele próprio.

Em sua resposta a Zilles, Boff escreve:

> A resposta de Urbano Zilles [...] revela o uso de subterfúgio e confirma efetivamente que não sabe ler.
>
> Usa diretamente de subterfúgio: sobre as duas acusações que me faz e que de forma nenhuma posso aceitar [...] não tece nenhum comentário [...] tais imputações são falsidades que atingem, não apenas a minha reputação de teólogo (da qual não sou zeloso) mas a minha própria fé de cristão. Não posso aceitar que isto fique sem ser retratado, por respeito aos bispos, padres, religiosos e leigos que me convidam frequentemente para conferências e cursos.

Vê-se a clara preocupação com a legitimidade da *Teologia da Libertação*. O debate no interior da Igreja sobre a mais justa interpretação dos documentos conciliares, das Conferências Latino-Americanas ou mesmo dos documentos e pronunciamentos papais dá-se nos marcos das disputas internas acerca da hegemonia na Igreja.

Boff entende que a discussão em questão ultrapassou esse limite, e seu intento é empurrar para fora da Igreja a *Teologia da Libertação*, é caracterizá-la como uma teologia contrária ao cristianismo e à Igreja Católica, na medida em que encararia Jesus como um homem e nada mais; e a Igreja institucional como uma ilusão a ser desmascarada.

Em resposta a Romer, Boff faz uma discussão mais técnica, que se debruça basicamente sobre duas coisas, a utilização de categorias sociológicas no trabalho teológico e na teologia do Corpo Místico de Cristo:

> O fato de aplicar categorias sociológicas à Igreja não significa ainda reducionismo, pois os documentos oficiais do Magistério falam, efetivamente, da Igreja como *"sociedade provida de órgãos hierárquicos"* (LG 8). Mais, os principais instrumentos teóricos da eclesiologia são tirados do campo social [...] A questão é a articulação própria à fé: assume-se uma categoria do campo social mas é reinterpretada dentro do princípio de pertinência teológico, a palavra provém do campo social, mas a sua significação já não é mais social, mas teológica.
>
> O ponto de partida [do livro *Igreja: Carisma e Poder*] é teológico, mas mediado pelo reconhecimento da autonomia *relativa* do social.

> [...] O conceito que Romer desenvolve de Igreja-Corpo-de-
> -Cristo é aquele da teologia romântica do século XIX, de uma
> Igreja organismo místico e só cheio de graça. Como Ratzinger
> entre outros bem mostrou, é um conceito insuficiente, no
> fundo ideológico, porque impede de compreender a Igreja
> em sua concreção real: não só unida a Cristo, mas também
> distanciada dele, porque com imperfeições e pecados. [...]
>
> No meu trabalho, procuro recuperar o valor desta afirmação
> Igreja-Corpo-de-Cristo mostrando que se trata do corpo
> ressuscitado de Cristo. A Igreja é o lugar de manifestação e
> visibilização do corpo de Cristo ressuscitado e invisível.[166]

Boff justifica sua posição em face do uso das categorias sociológicas, assim como justifica sua posição teológica acerca do conceito de Igreja-Corpo-de-Cristo. Utilizando a estratégia aqui já enunciada, convoca em seu favor o Magistério da Igreja para referendar sua posição sobre a terminologia sociológica; e Yves Congar e Ratzinger para ratificar sua posição acerca da doutrina de Igreja-Corpo-de-Cristo. Além disso, identifica Romer não como um crítico qualquer, mas um partícipe da teologia medieval, desqualificando sua colocação.

Cabe, pois, uma pequena observação sobre a mudança de veículo em que a polêmica é desfiada. A polêmica começa com a primeira recensão de Zilles no *Boletim da Revista do Clero*, realmente de alcance reduzido, impresso pela própria Cúria da Arquidiocese do Rio de Janeiro e distribuído por ela.

Como o controle do *Boletim* é da arquidiocese, Dom Eugênio e Dom Romer deliberam sobre sua participação na polêmica, e a postura do órgão foi claramente em defesa da CADF-RJ, pois publicou a recensão, aceitou o "Esclarecimento" de Boff, mas publicou-o juntamente à réplica de Zilles e ao parecer do próprio Romer.

Por outro lado, o artigo de Dom Boaventura Kloppenburg foi publicado em dois veículos. Primeiramente na revista *Communio*, trincheira conservadora lançada por vários teólogos importantes, tais como Hans Urs Balthasar, Karl Lehmann, Henri de Lubac e Joseph Ratzinger, uma espécie de contraponto à progressista *Concilium*, também internacional, cujo responsável pela edição brasileira era Leonardo Boff, membro da direção internacional[167]. Posteriormente, o mesmo artigo foi publicado pela editora espanhola Agir,

---

[166] Grifo do autor.

[167] FAHEY, M. Joseph Ratzinger como eclesiólogo e pastor. *In*: LAURENTIN, R.; ROUSSEUAU, A.; SÖLLE, D. *O neoconservadorismo*: um fenômeno social e religioso. Petrópolis: Vozes, 1981. p. 117.

no livro *Igreja popular*, editora essa que reunia os escritos dos católicos mais conservadores, tais como Gustavo Corção, Leonel Franca e João Mohana[168], uma editora também, à época, de pouco alcance social.

Já a ofensiva de Leonardo Boff dá-se na editora Vozes, simplesmente segunda maior editora do país. Houve uma publicação na revista *Grande Sinal*, de um alcance expressivo, mas não tão grande quanto o da *Revista Eclesiástica Brasileira*, que recepciona o artigo de Boff se opondo a Kloppenburg.

Entre 1953 e 1972, o editor da *REB* foi Dom Boaventura Kloppenburg, que investiu, em grande parte de sua passagem pela revista, no debate acerca do Concílio Vaticano II, apresentando comunhão com o clero, que aceitava, com limites, como se veria depois, as inovações conciliares[169].

Nos dois últimos anos de trabalho no cargo, conviveu profissionalmente com Leonardo Boff, que assumira o cargo de diretor adjunto da revista, com quem teve muitos problemas e que levaram Kloppenburg, por fim, a sair da *REB*:

> Basta. Frei Leonardo tomará então a REB [...]. Eu não combino com o modo de pensar dele. Para mim, seria praticamente impossível continuar a trabalhar com ele, sem que nos desentendamos em coisas fundamentais. E assim, para não brigar, é melhor que eu vá. Creio sinceramente que ele está errado em sua orientação teológica. Mas é dominante. Quero vê-lo daqui a vinte anos. Eu disse ao Frei Ludovico que, se, em mais alguns anos, a REB andar para trás em matéria de assinantes (pois desconfio que com a nova orientação vai perder leitores), e se então necessitarem outra vez de uma mão firme e ortodoxa, estarei disposto a ajudar ou a retomar a direção. Mas faço votos que isso não aconteça. Nos meus 20 anos de REB não tive nenhum problema grave com autoridades eclesiásticas, apesar dos tempos difíceis e delicados pelos quais passamos.[170]

Kloppenburg afirma sair da revista não por ser convencido de que a linha de Boff é mais adequada ou que não mais suporta a convivência com a dissidência, mas porque a posição de Boff é dominante. Kloppenburg tinha problemas também com o dirigente máximo da editora, Frei Ludovico, e

---

[168] DELLA CAVA; MONTERO, 1991, p. 171.

[169] No meio desse período, entre 1962 e 1965, ainda enquanto frei, Kloppenburg foi o único teólogo brasileiro a participar do Concílio Vaticano II e, para tal tarefa, precisou de um secretário, que tinha acesso a toda a documentação secreta do Concílio ao alcance dos peritos. Esse secretário era um frei recém-ordenado, Leonardo Boff.

[170] SCHIERHOLT, José Alfredo. *Frei Boaventura Kloppenburg (ofm)*: 80 anos por Cristo em sua Igreja. Lajeado: O autor, 1999. p. 76.

com a editora-chefe, Rose Marie Muraro: segundo esta, um dia Kloppenburg entrara no escritório em que estava com Frei Ludovico e afirmou que, se tivesse que escolher entre Jesus Cristo e São Leopoldo, ficaria com São Leopoldo, isto é, entre aquele cristianismo que grassava na editora àquela época, preferiria um sólido compromisso com a instituição católica[171].

Entre 1970 e 1972, Boff assumiu como diretor adjunto da revista e, entre 1972 e 1986, como diretor pleno. Sua ênfase absoluta foi para a *Teologia da Libertação*. Entre 1986 e 1991, assumiria a redação da *Revista Vozes de Cultura*[172].

Uma questão interessante que não se pode esquecer é que a *REB*, sob a responsabilidade de Boff, ganhou algumas novas características, tais como um tema central em cada edição e o texto de editorial. Essas inovações lhe serviram, uma vez que, na edição em que Boff se posicionou, juntamente a Carlos Palácio, em face da polêmica em questão, e teve como tema de capa *"Igreja: carisma e poder"*, o editorial também fora usado em seu próprio favor na edição. Nesse editorial, o teólogo volta a dizer que é preciso se posicionar publicamente em relação à polêmica devido à confusão que tais acusações, emanadas da pena de Zilles, Romer e Kloppenburg, podem trazer aos bispos e aos agentes de pastoral, nas mais variadas paróquias e dioceses do Brasil em que oferecia serviços de assessoria teológica, palestras, cursos, entre outros, que tinham como tema a Igreja, o catolicismo e/ou diversos aspectos específicos da vida eclesial, assim como uma assessoria mais propriamente espiritual, aos movimentos eclesiais e sociais.

Após tal publicação, os ecos da polêmica continuaram a soar, embora mais obliquamente, em diversas outras revistas teológicas, sendo a discussão elevada, contudo, ao âmbito jurídico, pelo Vaticano, em 1984.

As forças progressistas viviam uma condição dúbia; no interior da Igreja, avançaram sobre as estruturas devido a sua articulação e sua preparação intelectual, além de diversos outros fatores. Esse avanço hegemonizou a mais importante estrutura da Igreja na América Latina, a CNBB, além das estruturas de diversas Ordens Religiosas e, com elas, as maiores editoras da América Latina, a Conferência dos Religiosos do Brasil, institutos etc.

Mas na sociedade os progressistas fazem parte do segmento perseguido pela ditadura militar, durante o período entre 1968 e 1978; a Igreja:

---

[171] MURARO, 2010.

[172] ANDRADE, Solange R. A religiosidade católica no Brasil a partir da Revista Eclesiástica Brasileira. *Revista Brasileira de História das Religiões*, [s. l.], ano 1, n. 2. Disponível em: http://www.dhi.uem.br/gtreligiao/pdf/04%20 Solange%20R.%20Andrade.pdf. Acesso em: 5 nov. 2008.

> [...] documentou a prisão de mais de uma centena de padres, sete mortes e numerosos casos de tortura, expulsão de estrangeiros, invasão de edifícios, ameaças, indiciamentos, sequestros, infiltração de agentes do governo, censura, proibição de missas e encontros, além de vários documentos e publicações falsificados e forjados. Trinta bispos foram vítimas da repressão. Padres enfrentaram processos por causa de seus sermões e críticas ao governo, alegadas participações em organizações subversivas, por darem guarida a fugitivos, por defenderem os direitos humanos, por seu trabalho pastoral em movimentos populares e outras atividades.[173]

Vê-se claramente que a condição dos progressistas era socialmente desfavorável. As empresas privadas seguiam a linha interpretativa do governo, de repúdio à Igreja progressista. Especialmente a imprensa gastava larga retórica contra os libertadores e, principalmente, abria mais espaço para os conservadores.

Rolim[174], estudando os artigos contra e a favor da *Teologia da Libertação* nos jornais *O Globo, Jornal do Brasil, O Estado de S. Paulo* e *Folha de S. Paulo*, chegou à contabilidade de 232 artigos ao total, e mais 32 entrevistas, em que o assunto era a *Teologia da Libertação*, e 202 dessas intervenções eram claramente de ataque à TL, 46 em sua defesa e 16 sem uma posição definida.

Observou ainda que os escritos contra a *Teologia da Libertação* partiram de arcebispos, bispos e alguns poucos de religiosos, e os escritos em favor dela foram mais mesclados, entre teólogos, religiosos e leigos, sem a presença da hierarquia. As linhas argumentativas dos opositores da TL foram claramente identificadas com as estratégias discursivas dos Estados Unidos contra a *Teologia da Libertação* apontando, primeiro, a incompatibilidade do marxismo com a fé cristã, e depois convocando os exemplos cubano e soviético para renegar os modelos ateus e sem liberdade, pois, nesses discursos, são os modelos que emanam inexoravelmente do marxismo[175].

---

[173] SERBIN, 2001, p. 109.

[174] ROLIM, 1989.

[175] *Ibidem*, p. 261.

III

A POLÊMICA CHEGA AO VATICANO

Cronologia da polêmica em âmbito universal:

1. 15.05.1984. Documento do Cardeal Joseph Ratzinger incriminando pontos do livro *Igreja: carisma e poder*, carta a Leonardo Boff;

2. 15.05.1984. Carta do Cardeal Joseph Ratzinger ao então ministro--geral dos Franciscanos, John Vaughn, O.F.M.;

3. 29.05.1984. Carta do ministro-geral dos Franciscanos John Vaughn ao Frei Leonardo Boff;

4. 18.06.1984. Primeira carta do Frei Leonardo Boff ao Cardeal Joseph Ratzinger;

5. 08.07.1984. Primeira carta do Frei Leonardo Boff ao ministro-geral dos Franciscanos;

6. 13.07.1984. Pontos referenciais para o colóquio sobre o livro *Igreja: carisma e poder* com as instâncias doutrinais da Igreja;

7. 16.07.1984. Segunda carta do Cardeal Joseph Ratzinger ao Frei Leonardo Boff;

8. 19.07.1984. Carta do Governo da Província da Imaculada Conceição do Brasil a Frei Leonardo Boff;

9. 25.07.1984. Carta de Dom Ivo Lorscheiter a Frei Leonardo Boff;

10. 09.08.1984. Segunda carta do Frei Leonardo Boff ao Cardeal Joseph Ratzinger;

11. 12.08.1984. Segunda carta do Frei Leonardo Boff ao ministro-geral dos Franciscanos;

12. 30.08.1984. Carta do Núncio Apostólico no Brasil Dom Carlo Furno ao Frei Leonardo Boff;

13. S/d. Comunicação de Frei Basílio Prim, O.F.M., ministro provincial de Leonardo Boff, à Província da Imaculada Conceição do Brasil;

14. 05.09.1984. Comunicado da Sala Stampa Santa Sede sobre o colóquio da Congregação para a Doutrina da Fé com Frei Leonardo Boff;

15. 26.09.1984. Carta da Conferência Franciscana Brasileira a Frei Leonardo Boff;

16. 24.08.1984. Entregue ao Vaticano em 07.09.1984. Esclarecimento de Frei Leonardo Boff às preocupações da Congregação para a Doutrina da Fé acerca do livro *Igreja: carisma e poder*;

17. 07.09.1984. Comunicado conjunto da Congregação para a Doutrina da Fé e de Frei Leonardo Boff acerca da conversação com o Cardeal Joseph Ratzinger;

18. 15.10.1984. Carta de agradecimento de Frei Leonardo Boff ao Cardeal Dom Aloísio Lorscheider;

19. 15.10.1984. Carta de agradecimento de Frei Leonardo Boff ao Cardeal Dom Paulo Evaristo Arns;

20. 15.10.1984. Carta de agradecimento de Frei Leonardo Boff ao então presidente da Conferência dos Bispos do Brasil, Dom Ivo Lorscheiter;

21. 11.03.1985. Texto oficial do Vaticano de condenação do livro *Igreja: carisma e poder*;

22. 20.03.1985. Nota à imprensa: acatamento de Frei Leonardo Boff;

23. 30.03.1985. Carta de Frei Leonardo Boff ao Papa João Paulo II;

24. 08.05.1985. Carta-resposta do Frei Leonardo Boff ao Pe.-Geral John Vauhgn;

25. 08.05.1985. Esclarecimento do Frei Leonardo Boff antes de entrar em silêncio penitencial;

26. 12.05.1985. Comunicado da sala de imprensa do Vaticano sobre as medidas disciplinares;

27. Silêncio é retirado por João Paulo II na Páscoa de 1986.

O primeiro sinal da existência de um processo doutrinário em torno do livro de Leonardo Boff foi a carta de 29 de maio de 1984 do Cardeal Joseph Ratzinger ao então ministro-geral dos Franciscanos, informando que Leonardo Boff seria questionado pela Congregação para a Doutrina da Fé (CDF). O Ministro John Vaughn, como é natural, enviou carta em 29 do mesmo mês a Boff informando-o do ocorrido.

1. Joseph Ratzinger: de mecenas a inquisidor

Joseph Alois Ratzinger nasceu em 16 de abril de 1927, em Marktl am Inn, Baviera, Alemanha. Jovem, serviu nas forças aéreas nazistas durante a Segunda Guerra Mundial, depois decidiu ser padre e se tornou iminente teólogo. Como professor em Tübingen, era um progressista. Foi convidado a trabalhar como especialista durante o Concílio Vaticano II, oportunidade na qual se emparceirou com o teólogo Karl Rahner, um dos mais importantes e progressistas de todo o século XX[176].

Como professor, conheceu um teólogo brasileiro, doutorando em Teologia, e tornaram-se amigos. Esse teólogo, Frei Leonardo Boff, era considerado, por Ratzinger, brilhante. Quando a tese do brasileiro foi terminada, suas mais de 600 páginas afastavam-na das editoras. Foi preciso que Joseph Ratzinger conseguisse uma editora que a publicasse e, além disso, dispusesse de uma grande soma de dinheiro para cobrir os custos da edição. Ratzinger fora o mecenas da teologia de Boff. Anos mais tarde, quando questionado por Dom Paulo Evaristo Arns por que aprovara nesses anos a tese de Boff[177] e em 1984 a condenaria, respondeu que o julgamento depende do local em que se encontra o julgador e que, no fim da década de 60, estava na academia, e, academicamente, a tese de Boff era primorosa[178].

---

[176] TORNIELLI, Andrea. *Bento XVI*: guardião da fé. São Paulo: Record, 2007. p. 71.

[177] Tese não no sentido de trabalho acadêmico entregue à universidade para a obtenção do grau de doutor, mas no sentido de corpo de ideias defendido pelo teólogo.

[178] ARNS, Dom Paulo Evaristo. *Da esperança à utopia*: testemunho de uma vida. Rio de Janeiro: Sextante, 2001. p. 243.

Não obstante o mecenato de Ratzinger, anos mais tarde, já como prefeito da CDF, ele avistou seu amigo Boff em uma fila de padres esperando para cumprimentar João Paulo II e retirou-o da fila, pelo braço, levando-o até o papa, apresentando-lhe o que seria um brilhante teólogo do Brasil.

No entanto, os anos 60 abalaram Ratzinger profundamente. Toda a efervescência contestatória e especialmente o movimento estudantil o deixaram extremamente perturbado[179]. O teólogo alemão passou a ser o grande articulador do movimento de restauração da ordem pré-conciliar na Igreja, retirou-se da progressista revista internacional *Concilium* e fundou, com um grupo de conservadores, a revista que unificaria esse segmento, a também internacional: *Communio*.

Em 1978 a Igreja católica elegia o enigmático Karol Wojtyla como seu chefe supremo. O novo papa chamar-se-ia João Paulo II, um nome que revelava que pretendia seguir os passos do curto papado de seu predecessor, João Paulo I, que, por sua vez, gostaria de modelar seu trabalho inspirado no trabalho do Papa João XXIII e de Paulo VI.

João Paulo II conseguiu, no entanto, ser radicalmente diferente de todos eles. Sua meta era, antes, a de dar um basta ao que considerava como excessos do Concílio. O signo fundamental do papado de João Paulo II foi o "Retorno à Grande Disciplina", um esforço monumental para empreender o controle da Igreja Católica em âmbito universal em três vieses: o controle dos representantes de Deus, o controle do governo da Igreja e o controle das ideias[180].

João Paulo II era, contudo, relativamente fraco em termos de teologia[181] e, três anos após a assunção do cargo, soma em sua cúpula Joseph Ratzinger. A Cúria ganhava agora um dos mais importantes teólogos do mundo, historicamente identificado com o Concílio e decepcionado com seus frutos. Ratzinger assumiria a Congregação para a Doutrina da Fé, ex-Santo Ofício, por sua vez, ex-Santa Inquisição, e daria os contornos da ação de normalização empreendida por João Paulo II.

---

[179] TORNIELLI, 2007, p. 80.

[180] LACERDA, Lucelmo. *Uma análise da polêmica em torno do livro "Igreja: carisma e poder", de Leonardo Boff, na Arquidiocese do Rio de Janeiro*. Dissertação (Mestrado em História Social) – PUC-SP, 2009. p. 103. Disponível em: http://www.dominiopublico.gov.br/pesquisa/DetalheObraDownload.do?select_action=&co_obra=135917&co_midia=2. Acesso em: 20 jan. 2020.

[181] BETTO, 2010.

2. Processo ou procedimento?

Segundo o regulamento para o exame das doutrinas, aprovado pelo *Motu Proprio*[182] de 07.12.1965, *Integrae Servandae*:

> 1. Os livros e outras publicações ou conferências, cujo conteúdo seja da competência da S. Congregação para a Doutrina da Fé, devem ser enviados ao Congresso, que se reúne todos os sábados, e que é composto pelos superiores e pelos Oficiais [...].

Em caso de opinião flagrantemente errônea, pode-se adotar o procedimento extraordinário dando ordem para correção do erro para posterior avaliação de eventuais sanções:

> 1. O Congresso também decide se determinadas publicações ou conferências devem ser examinadas mais cuidadosamente, segundo o procedimento ordinário: se tomar decisões neste sentido, o próprio Congresso nomeará dois peritos, que preparam os "votos", e o Relator *pro auctore*. O Congresso, além disso, estabelecerá se é preciso informar imediatamente o Ordinário ou os Ordinários interessados ou se é possível fazê-lo só depois de o exame ter terminado,
>
> 2. Os encarregados do voto examinam o texto autêntico do autor para ver se está em conformidade com a Revelação e o Magistério da Igreja e manifestam um juízo sobre a doutrina contida no mesmo, sugerindo eventuais providências a tomar.
>
> [...]
>
> 13. As proposições consideradas errôneas ou perigosas devem ser comunicadas ao autor, de maneira a ele poder apresentar, por escrito, no prazo de um mês útil, a sua resposta. Depois disto, se for considerado necessário um colóquio, o autor será convidado a ter um encontro pessoal com os encarregados da S. Congregação para a Doutrina da Fé.
>
> [...]
>
> 18. As decisões da Congregação Ordinária são submetidas à aprovação do Sumo Pontífice e, em seguida, comunicadas ao Ordinário do autor.

---

[182] Uma norma que emana da vontade pessoal de um papa especificamente; SANTA SÉ. Integrae Servandae. *In*: MNDH, 1985, p. 45-47.

Como se vê, a defesa do acusado faz-se por meio de um relatório *pro auctore*, ao qual, posteriormente, Boff fez saber que queria ter acesso, mas que lhe foi negado. Esse direito de defesa, conforme o entendimento do jurista e militante católico Dr. Hélio Bicudo, é garantido pelo próprio Código de Direito Canônico e regra básica do direito, universalmente aceita.

Para Hélio Bicudo, a soma do atropelo das regras mais elementares do direito, como o cerceamento de defesa e mesmo a ausência de uma acusação formal ao réu, ambos sustentados pelo Código Canônico, não permite sequer que se fale propriamente em "processo", mas meramente em um "procedimento" realizado pelo Vaticano[183].

O grande desafio da pesquisa nesse caso é que todos os arquivos que perfazem o processo doutrinário são secretos e os membros participantes dessas instâncias são, em geral, muito discretos, de modo que não temos como saber com exatidão como o livro de Boff foi recebido pelo Congresso, os trâmites que percorreu, como foram os votos ou ler o relatório *pro auctore*.

Boff[184], em um balanço realizado 20 anos após a condenação de seu livro e publicado em nova edição dele, escreveu que soube, por um alto funcionário da Sagrada Congregação (sobre o qual guardou anonimato), que um prelado brasileiro ligado à Cáritas insistiu de tal modo na condenação sumária de *Igreja: carisma e poder* que chegou a ser inoportuno.

No mesmo texto, Boff afirma que outra fonte da mesma Congregação o confidenciou que a primeira carta contendo as críticas a seu livro foi apresentada ao papa para que fosse publicada na forma de um julgamento sumário, ao que João Paulo II interveio — "mas já conversaram com o padre Boff sobre o conteúdo dessa carta?" —, e, diante da negativa, ordenou que isso fosse feito. Para Boff:

> Se não tivesse havido essa intervenção salvadora do Papa, a carta teria sido publicada com as críticas e condenações que contém. Eu teria perdido sumariamente a cátedra, o livro não teria sido editado, e eu jamais poderia ser convidado a encontros, retiros e assessorias, onde se manifesta a dinâmica viva da Igreja.[185]

Mas, de fato, Boff não foi, assim mesmo, obrigado e realizar um período de silêncio obsequioso? Qual seria então a diferença entre o procedimento

---

[183] BICUDO, Hélio. *Minhas memórias*. São Paulo: Martins Fontes, 2006. p. 167.
[184] BOFF, 2005, p. 460.
[185] *Ibidem*, p. 461.

sumário ou, como afirma o regulamento, extraordinário do procedimento ordinário com a realização do colóquio?

Talvez esta seja uma das questões centrais desencadeadas por esse processo: o envolvimento da opinião pública em um tipo de questão historicamente só interessante aos membros da Igreja.

É possível pensar que, sem a força da opinião pública em favor de Leonardo Boff, o silêncio obsequioso poderia ter se mantido para muito além da Páscoa de 1986, quando João Paulo II retirou a obrigação. Sobre esse tema trataremos mais à frente.

De toda sorte, a decisão da CDF de condenar sumariamente o livro de Leonardo Boff demonstra um desejo irretorquível de ver as teses da *Teologia da Libertação* no limbo das teorias condenáveis. Essa é justamente a questão central a que devemos nos ater.

Todo o conjunto de ações empreendidas pelo Vaticano desde 1978, quando Karol Wojtyla se tornou papa, aponta no sentido de demolir a *Teologia da Libertação*. Em 1984, o que se deu foi o entendimento de que o acúmulo de forças realizado até o momento pelas hostes conservadoras era suficientemente grande para lançar o ataque "final" a essa teologia.

Em 4 de setembro de 1984, foi publicado o documento *Instrução sobre alguns aspectos da Teologia da Libertação*, cujo teor é de flagrante condenação à TL; três dias depois houve o colóquio em face da obra de Leonardo Boff, realizada pela Congregação para a Doutrina da Fé; e uma semana depois haveria o julgamento do Padre Gustavo Gutiérrez, feito pelos bispos peruanos, que, no entanto, foram obrigados a se dirigir ao Vaticano para tal tarefa. Enfim, foi um conjunto de ataques seguidos e demolidores desferidos pelo Vaticano.

No mesmo dia da carta enviada a John Vaughn, Ratzinger também enviou sua primeira carta a Leonardo Boff, de conteúdo incriminatório em face do livro *Igreja: carisma e poder*.

O documento começa afirmando que

> No dia 12 de fevereiro de 1982 o Sr. tomou a iniciativa de enviar a esta Congregação a sua resposta à Comissão Arquidiocesana para a Doutrina da Fé do Rio de Janeiro [...]. Esta Congregação, por sua parte, quis estudar o livro em seus aspectos doutrinais e pastorais e deseja agora expor-lhe as conclusões a que chegou.

O documento final da CDF, que incrimina pontos do livro em questão e que foi distribuído à imprensa, começa com a mesma afirmativa — "No dia 12 de fevereiro de 1982, Frei Leonardo Boff, O.F.M., tomou a iniciativa de enviar à Congregação para a Doutrina da Fé" —, referindo-se ao envio da resposta dada à CADF-RJ em face da recensão de Zilles.

Há uma insistente tentativa de creditar a iniciativa de Leonardo Boff de enviar sua resposta à recensão de Zilles para o Vaticano, à abertura do processo na CDF. Os documentos oficiais da CDF afirmam isso, e Dom Eugênio Sales também o afirma insistentemente: sempre que questionado, responde que foi Leonardo Boff quem enviou ao Vaticano os documentos que ensejaram a abertura do processo.

Leonardo Boff, por outro lado, acusa insistentemente Dom Eugênio Sales de ser o prelado que, tendo montado o primeiro processo no Brasil, mandou-o para o Vaticano[186].

Em nosso entender, a questão deve ser percebida de modo mais amplo. Primeiramente, Boff nem ninguém precisaria enviar nenhum documento para o Vaticano para que ele tomasse conhecimento de suas ideias nada populares na Santa Sé, afinal seus escritos eram acompanhados, um a um, rigorosamente, pelas mais altas instâncias da Igreja.

Desde o livro *Jesus Cristo libertador*, Boff passou a ser vigiado pela Congregação para a Doutrina da Fé, e a cada livro eram diversas indagações e um intenso diálogo com a CDF. Ratzinger afirma-o claramente na carta a John Vaughn, e Leonardo Boff também o afirmara no programa Roda Viva, na TV Cultura[187].

Segundo, porque, como se verá à frente, os questionamentos feitos pela Santa Sé são substancialmente diferentes daqueles levantados pela Arquidiocese do Rio de Janeiro; e, por fim, porque o procedimento contra Boff não foi uma atitude isolada, mas foi uma ação em uma avalanche de ações com vistas a demolir a *Teologia da Libertação*, que aconteceram concomitantemente, especialmente a *Instrução sobre alguns aspectos da Teologia da Libertação* e o processo contra Gustavo Gutiérrez.

Entendemos, pois, que o papel de Dom Eugênio Sales foi mais o de criar as condições para se burlar a instância em que as querelas de natureza teológica ocorridas no Brasil eram dirimidas, a CNBB, propiciando uma

---

[186] Por exemplo, em entrevista de 19 de julho de 2010, disponível no endereço http://amaivos.uol.com.br/amaivos09/noticia/noticia.asp?cod_noticia=435&cod_canal=41. Acesso em: 20 jan. 2021.
Em 06.01.1997. Em diálogo com o autor, por email pessoal, Boff insistiu, porém, que tais documentos não serão por ele divulgados.

[187] Em diálogo com o autor, Boff insistiu, porém, que tais documentos não serão por ele divulgados.

tal situação que permitisse ao Vaticano depositar tal conflito em sua alçada sem um confronto mais severo com a união dos bispos do maior país católico do mundo.

As acusações enunciadas no documento estão basicamente questionando os desafios que Boff faz ao exercício do poder na Igreja. Questiona-se a referência a autores que não são bem-vistos pela CDF; a linguagem agressiva de Boff; afirma-se que não é próprio para um trabalho teológico recorrer primordialmente às fontes das pesquisas sociais em detrimento dos documentos do magistério e da tradição da Igreja; refuta-se a leitura hegemônica (à época) da *Lumen Gentium*, de que a Igreja de Cristo subsiste na Igreja Católica e que essa subsistência se estende às confissões protestantes; rechaça-se a proposta de Boff de atualização dogmática; e não se aceita a leitura sociológica das estruturas católicas, pois, como se afirma, entendem-se como de instituição divina.

Há também uma conclusão diante dos equívocos apontados, na forma que segue:

> 'A eclesiologia militante' de IGREJA: CARISMA E PODER se demonstra frágil e inconsistente na medida mesmo em que é intolerante e incompreensiva em relação à Igreja institucional. Os virulentos ataques aos condicionamentos aos quais se quer submeter. As acusações de anti-evangelismo lançadas contra a Igreja do passado constituem uma prova do risco das novas encarnações anti-evangélicas.

> A Igreja de Cristo deve ser edificada na pureza na pureza da fé (cf. João Paulo II, disc. de Inauguração da Conf. de Puebla), mas esta pureza da fé exige que a igreja se liberte não somente dos inimigos do passado, mas sobretudo dos atuais, como, por exemplo, de um certo socialismo utópico que não pode ser identificado com o Evangelho.

E o principal de tudo: a carta também propõe um colóquio entre Boff e a Congregação para a Doutrina da Fé acerca do livro em questão e que na mesma carta já é incriminado. Por fim, também afirma que a carta será, de toda forma, publicada, ganhando, eventualmente, acréscimos em função do que acontecer no colóquio.

O questionamento das estruturas eclesiais foi visto por muitos como a questão central a ser combatida na teologia de Leonardo Boff. Muito embora houvesse muitos outros desencontros em relação a suas posições em face da Santa Sé, foi justamente sua posição sobre a eclesiologia que lhe rendera condenação. Nessa linha interpretativa, inscreve-se Dom Pedro Casaldáliga, que também sofreu uma ameaça de processo devido a seu questionamento à visita *ad limina*[188], que não foi cumprida porque prenunciava uma crise ainda maior do que no *caso Boff*. Dom Pedro articula assim sua posição sobre o desafio eclesiológico que o *Igreja: carisma e poder* lançou na Igreja:

> Como foi comentado por muitos este livro ficou sendo alvo das tensões e intervenções de Roma precisamente porque atingia o poder na Igreja, suas estruturas hierárquicas. Porque convocava a uma 'rebelde fidelidade', como digo eu num livro da época. Tem-se comentado também oportunamente que a TL. exige a libertação da teologia. Outro tipo de Igreja, que é possível e necessária supõe outro tipo de teologia. A eclesiologia é atingida no centro do problema e das esperanças.[189]

Voltando à carta da CDF, ela, além de resguardar todas as formas de poder questionadas por Boff, é encerrada com acusação associando a atitude de se questionar o poder na Igreja à defesa do socialismo utópico.

Em 18 de junho de 1984, Boff escrevera a Ratzinger fazendo alguns questionamentos e pontuações. Primeiramente acolhe a ideia do colóquio, mas pergunta se se trata de um procedimento oficial ou se é um colóquio privado com o prefeito da CDF. Depois pergunta se, caso se trate de um procedimento oficial, não pode este ocorrer na Comissão Episcopal de Doutrina da CNBB, pois

> [...] este organismo episcopal foi criado para atender a tais situações. De mais a mais, responderia ao princípio de subsidiariedade, tão enfatizado pelo recente Código de Direito Canônico.
>
> O Presidente da Comissão Episcopal de Doutrina, Cardeal Aloísio Lorscheider [...] considerou bem fundada a petição.

Outrossim, a carta também discute a possibilidade de datação do evento, chegando à proposta de que este não ocorra antes de outubro do mesmo ano, em função dos compromissos letivos e eclesiais do teólogo.

Como será mais aprofundado à frente, a instituição da Comissão Episcopal de Doutrina da CNBB, juntamente ao princípio de subsidiarie-

---

[188] Visita obrigatória que os bispos devem fazer ao Vaticano periodicamente.

[189] CASALDÁLIGA, 2010, s/p.

dade, formava uma proteção àqueles teólogos que estavam produzindo uma teologia afinada com a eclesialidade desse *Cristianismo de Libertação*, pois as questões eram em geral dirimidas em seu seio, cuja composição era basicamente de teólogos libertadores.

Em 8 de julho do mesmo ano, Boff escreve ao então ministro-geral dos Franciscanos, John Vaughn. No texto, Boff afirma ter se aconselhado com os teólogos Edward Schillebeeckx, J. B. Metz, Hans Küng, G. Baum, J. P. Jossua, Pohier e Gustavo Gutiérrez[190], que havia acabado de concluir uma primeira conversa triangular entre si, a Conferência dos Bispos do Peru e a Congregação para a Doutrina da Fé.

Segundo o autor, eles foram unânimes na sentença de que o processo não era realmente sobre a ortodoxia do livro e o que estava sendo julgado era a prática eclesial da Igreja latino-americana.

O autor ainda anuncia o apoio de vários membros da hierarquia brasileira, tais como os Cardeais Dom Aloísio Lorscheider, Dom Paulo Evaristo Arns e o Primaz do Brasil Dom Avelar Brandão, que se dispôs a ir a Roma e tentar aclarar as questões acerca da eclesialidade da teologia de Boff, além dos Bispos Dom Helder Câmara, que também se dispôs a igual tarefa em Roma, e Dom José Rodrigues de Souza, Dom Mathias Schmidt (estadunidense) e Dom Jairo R. Matos da Silva. O teólogo pede ainda o apoio do destinatário.

Todo esse conjunto de forças aglutinado em torno da defesa de Leonardo Boff vai consubstanciando o quadro que compõe nossa principal tese, a de que o ataque a Boff era mais que um ataque ao autor ou mesmo à *Teologia da Libertação*, e mesmo, como supõe a maioria dos autores e o próprio Leonardo Boff, mais que um atentado à prática eclesial latino-americana: o ataque era o aborto do processo de forja de uma Igreja independente, autônoma, irmanada e não subordinada à autoridade da Santa Sé.

Embora, em tese, o julgamento do livro seja um fato objetivo, em que se deve ler a obra à luz da doutrina da Igreja e julgá-la herética ou não, de fato, o julgamento é um ato político, e, em um jogo político, o aspecto mais importante é a correlação de forças dos participantes; é nessa correlação que se definem os limites de aceitação de um dado poder.

Aprofundemo-nos um pouco mais detidamente nesse ponto.

Primeiramente, é preciso entender que o poder exercido pelas instâncias da Igreja é um poder arbitrário, é uma convenção que se impõe

---

[190] Todos com experiência de "problemas" com a CDF.

simbolicamente mediante os diversos mecanismos à disposição do corpo de especialistas que domina os meios de produção simbólica, nesse caso, o clero.

Servindo-se do capital simbólico da figura carismática de fundação, os hierarcas, de modo escalar, isto é, do maior nível (papa) ao menor nível (padre), vão definindo os contornos de sua autoridade, de administradores desses bens simbólicos. Mas essa manutenção da autoridade e o delineamento de sua forma na história não constituem um movimento unilateral, mas forjam-se na dialética em que se dispõem a prática autoritativa e a aceitação/rejeição dessa prática nos súditos, sejam membros da hierarquia, sejam dispostos abaixo na pirâmide hierárquica ou nos leigos.

De tal modo que um julgamento dessa estirpe não necessita somente ser aceito legalmente, mas precisa ser aceito como legítimo, isto é, não arbitrário. Essa é a primeira tarefa de todo sistema simbólico, mostrar-se como a verdade, mascarar seu caráter arbitrário.

Por mais que houvesse uma predisposição preliminar à condenação do livro de Leonardo Boff, era preciso criar um clima condenatório, isto é, a condenação necessitava de legitimidade, e esta repousa na plausibilidade dos argumentos propostos para o objetivo da condenação e na correlação de forças estabelecidas entre os distintos grupos no interior da Igreja.

Dessa forma, Boff procurou ampliar o peso de suas posições nessa correlação de forças e angariou apoio de grande parte da opinião pública e do episcopado latino-americano e europeu. Rose Marie Muraro[191], que fora chefe de Leonardo Boff na Editora Vozes, afirmara que aconselhou Boff a falar para todo mundo o que estava ocorrendo consigo e que o teólogo fora magistral nessa tarefa.

Ao se sentar na cadeira da inquisição, Boff retirou da bolsa fotocópias de uma petição em seu favor assinada por 100 mil pessoas. A imprensa apoiava-o largamente. Ao sair da sala de interrogatório, já acompanhado dos hierarcas que o foram apoiar, Boff assistiu ao Cardeal Arns acenar com um V de vitória ao aglomerado de jornalistas. A tentativa era a de deslegitimar o Vaticano no referido processo.

O Vaticano, por outra ponta, contava com fiéis defensores; seu apoio advinha de seu poder político. Além disso, a Cúria soube entender o caráter duradouro da disputa. Se por um lado essas admoestações lhe causaram uma grande mancha em sua imagem perante o mundo inteiro e foram o bastante

---

[191] MURARO, Rose Marie. *Memórias de uma mulher impossível.* Rio de Janeiro: Rosa dos Tempos, 1999. p. 253.

para que ficasse desacreditado perante grande parte da própria Igreja e da opinião pública, isso não foi o suficiente para provocar uma ruptura. O jovem João Paulo II viveu o bastante para nomear uma nova geração de bispos e cardeais em número suficiente para garantir completa hegemonia da Igreja, cujo exemplo mais sintomático foi a eleição de Joseph Ratzinger como seu sucessor[192].

Logo após a carta a John Vaughn, Boff escreve aos Cardeais Aloísio Lorscheider, Dom Paulo Evaristo Arns e Dom Brandão Vilela e ao então presidente da CNBB, Dom Ivo Lorscheiter, um documento denominado *Pontos referenciais para o colóquio sobre o livro Igreja: carisma e poder, com as instâncias doutrinais da Igreja*. Boff expõe sua perspectiva sobre o processo, de que a teologia é um momento de uma realidade maior, que é a caminhada da Igreja do Brasil, afirmando que se empenharia em defender sua teologia, pois "Justificar e garantir o direito à teologia é garantir o direito e justificar também a autenticidade da caminhada da Igreja".

Boff ainda adianta sua disponibilidade em corrigir o que possa haver de equívoco em sua obra, mas adianta que vai redigir em breve sua defesa, apontando o caráter implausível da acusação, já que, "De um modo geral, são frases pinçadas aqui e acolá, fora de seus contextos".

O autor também invoca novamente o princípio da subsidiariedade para novamente lembrar que postulará a realização do julgamento da querela em pauta pela Comissão Episcopal de Doutrina da CNBB.

Em 16 de julho de 1984, Ratzinger envia correspondência a Boff. A carta desvela insatisfação com as alegações de Boff em relação à sua agenda. Ratzinger afirma que "esta Congregación en el cumplimiento de su misión de tutelar y promover la fe se encuentra empeñada en deberes y compromisos y por esto se esperaba de usted una más pronta colaboración", e acaba por fechar a questão entre os dias 7 e 8 de setembro daquele ano, ficando a cargo do réu decidir por um dos dois dias. Também explicita que o colóquio se dará entre ambos, o remetente e o destinatário da carta, com a presença de uma terceira pessoa, o relator. Por fim, Ratzinger reafirma a necessidade, já exposta na carta incriminatória, de que ela deverá ser divulgada, acrescendo-se qualquer coisa, eventualmente, em função do colóquio.

---

[192] Uma brincadeira feita pela professora doutora Maria Aparecida Papali ilustra bem o divórcio entre Ratzinger e a opinião pública brasileira, assim como a inexistência de um brasileiro que empolgasse os intelectuais brasileiros por ocasião da sucessão de João Paulo II. Segundo a professora, o Ratzinger venceu devido à grande torcida brasileira que clamava "Qualquer um, menos o Ratzinger, menos o Ratzinger!"

Por fim, a carta afirma a necessidade de que o julgamento de Boff seja feito no Vaticano, e não na CNBB, e que o presidente da referida entidade, Dom Ivo Lorscheiter, já fora informado a esse respeito. Curiosamente, em 25 de julho, isto é, nove dias após a carta de Ratzinger, Dom Ivo escreve a Leonardo Boff afirmando a este que requereu a Ratzinger que a questão fosse dirimida na CNBB, e que, tão logo recebesse a resposta, daria notícias a Boff.

Dessa confusão de datas podemos aventar a possibilidade de que Ratzinger tivesse, talvez, preparado já a correspondência de resposta a Dom Ivo, mas ela não tivesse chegado ainda a seu destinatário em 25 de julho, ou talvez se tratasse ainda de uma segunda tentativa de convencimento empreendida por Dom Ivo. De toda sorte, o que novamente aqui aparece é uma clara e repetida tentativa de tentar trazer a questão ao âmbito da CNBB.

A segunda carta de Boff a Ratzinger exala acidez. Começa o autor dizendo que a proposição de que o colóquio ocorresse em outubro não se dera por ausência de pronta colaboração, mas de compromissos efetivos com os pobres, sendo dois encontros nacionais e especialmente um deles com a pastoral das prostitutas. Pois os pobres são "os primeiros destinatários do Reino e também nossos juízes escatológicos" e "Nas palavras do Senhor, as prostitutas que ouvem a palavra e crêem nos precedem a todos nós no seu Reino".

Boff repõe seu interesse em resolver a querela na CNBB citando uma frase do próprio Ratzinger na defesa da subsidiariedade, e também nega que o processo foi aberto em função de seu pedido, pois sua comunicação da polêmica na Comissão Arquidiocesana para a Doutrina da Fé do Rio de Janeiro era simplesmente de caráter informativo, expressamente apontado na carta.

Leonardo Boff aceitou a realização do encontro marcado para 7 de setembro, uma vez que "é dia também significativo para o país, pois é o dia da Independência da República"; também faz uma série de perguntas sobre o procedimento da inquisição:

> - Quem acompanhará S. Eminência? Posso saber o nome?

> - Em que língua será conduzido o colóquio? Haverá intérprete? Será na língua em que foi escrito, originalmente, o livro (português do Brasil) e sobre as questões da carta de seis páginas, do dia 15 de maio?

> - Ou será em outra língua estrangeira? Qual delas? O espanhol?

- Terei acesso às atas das discussões prévias feitas no seio da S. Congregação, com as ponderações do 'defensor pro auctore"?

- Quem se responsabilizará com o ônus da passagem?

Não obstante, o autor faz uma recomendação à CDF que não deixa de ser provocativa: "Aconselho à S. Congregação não publicar a referida carta antes do colóquio porque ela contém erros. Não ficaria bem a esta alta e última instância parecer superficial e incorreta".

Mas nada ilustra melhor a condição psicológica em que o processado se encontra, sem o direito a um advogado e sabendo que seu juiz é também o acusador, do que a inscrição de sua assinatura: "Na nervosa e angustiante expectativa do colóquio em setembro subscrevo-me com os votos de que o Espírito do discernimento nos ilumine a todos nós".

Os questionamentos feitos por Boff não foram, pois, respondidos, exceto, evidentemente, o nome do acompanhante e a língua da disputa, embora também só tenham sido dirimidos no próprio julgamento.

Em 26 de setembro, a Conferência Franciscana Brasileira envia carta a Leonardo Boff afirmando que:

> Nós, provinciais e Custódios Franciscanos do Brasil, reunidos em nossa XXª. Reunião ordinária da Conferência Franciscana Brasileira, achamos por bem dirigir-lhe uma palavra fraterna de apoio e solidariedade nesse momento difícil que você está vivendo. [...] vimos acompanhando de perto as peripécias por que você vem passando em sua importante e difícil missão de viver e testemunhar o Evangelho que você, como Francisco decidiu professar. Julgamos que é justamente por sua fidelidade ao Evangelho que você tem de sustentar essa luta de incompreensão até mesmo da parte daqueles que o deveriam apoiar em nome do mesmo Evangelho que se propõem viver a anunciar.

De igual forma, manifestaram-se o Governo Provincial da Imaculada Conceição (província de que Leonardo Boff participava) e seu então ministro provincial, Frei Basílio Prim, O.F.M., demonstrando um apoio e compromisso resoluto de todas as instâncias franciscanas (portanto, maioria em suas hostes) às teses de Boff, e tendo em vista que se trata de apoios que se dão após a carta incriminatória da Santa Sé. Assim, não se trata somente de manifestação de apoio a Boff, mas de desapreço à posição vaticana.

A informação que temos é de que a decisão da Conferência Franciscana do Brasil foi muitíssimo polêmica. Lembremos que, embora Dom Paulo Evaristo Arns e Dom Aloísio Lorscheider sejam franciscanos, isto é, tenham poder de voto na Conferência e poder de articulação, até por conta da posição de poder que ocupam, também Dom Boaventura Kloppenburg, um dos principais críticos de Boff, participa da mesma ordem eclesiástica.

O julgamento de Boff foi, por fim, confirmado para 7 de setembro de 1984, como pretendera o réu, e não gratuitamente no Dia da Independência do Brasil. Esse processo se transformará não só em símbolo da luta entre correntes opostas na Igreja Católica, uma conservadora contra uma progressista, mas especialmente entre dois lugares na Igreja, lidos pela TL como a disputa entre o lugar teológico da majestade, do centro do mundo, a Europa, e a periferia do mundo, o lugar teológico dos excluídos, dos esfarrapados do mundo.

3. A opinião pública

Como já vimos, ao se ver encurralado pelo Vaticano, Leonardo Boff vai articular o máximo possível de apoios no mundo eclesiástico. O teólogo compreende o fino jogo da dinâmica política no interior da Igreja, em que as pressões recebidas pelo Vaticano e seu modo de agir apresentam uma viva correlação.

No entanto, ao aproximar-se do colóquio, outro elemento decisivo que entra em cena é a opinião pública. Os meios de comunicação social entram em peso no jogo e passam a priorizar o tema e encará-lo como um cerceamento à liberdade de opinião. Segundo Dussel, "A imprensa mundial acolheu favoravelmente pela primeira vez o questionamento da Teologia da Libertação", isso porque, de um modo geral, a imprensa, de maneira contumaz, atacava a *Teologia da Libertação* e seus defensores.

Tal mobilização pode ser creditada, em parte, ao lastro social que o *Cristianismo de Libertação* possuía, com milhares de Comunidades Eclesiais de Base e milhões de militantes[193], além da simpatia de grande parte da intelectualidade. Por outro lado, houve uma identificação com o teólogo

---

[193] O argumento apresentado de que o lastro social do Cristianismo de Libertação pode ser considerado um estimulante do interesse da mídia pelo tema só pode ser considerado quando se trata da imprensa latino-americana e, eventualmente, de pontos da Ásia e África, onde o Cristianismo de Libertação possui focos. Para Kenneth Serbin (2001, p. 50), a maciça presença do "caso Boff" nos noticiários nacionais, no Brasil, simboliza a proeminência da Igreja na vida do país. No que tange ao restante do mundo, seguem válidos os demais argumentos.

Leonardo Boff no que diz respeito à liberdade de opinião, que estava sendo ameaçada no processo contra o brasileiro.

Talvez também pudéssemos somar uma certa rejeição às estruturas autoritárias que vigoravam no Vaticano. Pode-se pensar que as mudanças eclesiológicas propostas pelos libertadores estivessem mais próximas da opinião pública, em pleno processo das *Diretas Já*; assim: *"a TL convocava à descentralização da Igreja, à inculturação, a uma virada histórica na doutrina, nos ministérios, no compromisso profético em meio à sociedade. Isso fez com que a Igreja virasse notícia"*[194].

Ao desembarcar do avião, em Roma, para a ocasião do colóquio, em 2 de setembro de 1984, Boff foi surpreendido por uma multidão de jornalistas que se apinhavam à espera de um pronunciamento, ao que o teólogo afirmou:

> Vim a Roma não como peregrino, nem como turista, nem como participante de algum congresso teológico. Vim convocado pelo Prefeito da Congregação para a Doutrina da Fé. Terei de responder a questões suscitadas por ele e não por vocês jornalistas. Estou na diocese do Papa, Roma. Por respeito a ele, falarei somente dentro da Sagrada Congregação.[195]

Boff ficou na Cúria Generalícia dos Franciscanos, donde, da janela, assistia à cúpula da Basílica de São Pedro enquanto terminava de preparar a argumentação que levaria à Congregação para a Doutrina da Fé logo em breve. Na portaria, um frade hospedeiro, já instruído, recusava em nome de Boff centenas de pedidos de entrevistas de meios de comunicação de todos os tipos e lugares.

O interesse da imprensa acirrou-se ainda mais porque no dia seguinte à chegada de Boff, dia 3 de setembro, foi publicada a *Instrução sobre alguns aspectos da Teologia da Libertação*, de lavra da Congregação para a Doutrina da Fé, com chancela papal. A leitura da imprensa é de que aquele documento incriminatório em face da TL era a posição doravante definitiva da Igreja e que se puniriam os que estavam distantes daquela posição, especialmente os produtores dessa distância, e Boff seria o primeiro deles.

De fato, a imprensa adentrou no processo com empenho. Ao sair da sede da Congregação para a Doutrina da Fé, uma multidão de jornalistas esperava a saída do réu, mas o mesmo carro estava à espera dele, para novamente levá-lo a seu local de repouso. Mas, antes de entrarem no carro,

---

[194] CASALDÁLIGA, 2010, s/p.

[195] *Apud* BOFF, 2005, p. 450.

Dom Paulo, diante da imprensa, que se comportava como plateia, não se conteve e acenou para o grupo, ao mesmo tempo esticando e afastando os dedos indicador e médio, formando um "V" de vitória e deixando Ratzinger muito irritado[196].

Para Leonardo Boff, "a opinião pública captou o momento ético da questão da libertação [e] a argumentação básica da teologia da libertação"[197].

4. A caminho da cadeira de Galileu Galilei

Além de terminar a escrita de sua defesa, Boff toma contato em Roma com seu irmão também padre, Clodovis Boff, que lecionava no centro do mundo católico[198], com a Freira Lina Boff, sua irmã, que lá vivia desde os anos 60 a serviço de sua congregação, além de Ruy Boff, outro irmão, que lecionava música na Bélgica. Além do calor familiar, Boff também se encontrou com Gustavo Gutiérrez, outro gigante da *Teologia da Libertação*, que também tinha um processo eclesiástico em curso naquele momento[199], para trocarem algumas ideias sobre a condição de ambos.

No dia exato da inquisição, Leonardo Boff estava em frente ao convento franciscano às 9 h 40[200] quando um Volkswagen preto, placa SCV-201, parou em frente a ele. Então dois homens vestidos de preto saltaram — eram da guarda suíça — e agarraram Boff, ao que ele estendeu os pulsos cruzados e declarou "Vocês podiam ter trazido as correntes", e ouviu a afirmação sarcástica de que, se quisesse, poderiam providenciá-las.

O teólogo foi arremessado violentamente no carro, que, de sirenes ligadas, passou a percorrer rapidamente as vielas do Vaticano, trafegando algumas vezes na contramão, para desbaratar a imprensa presente. Leonardo Boff, amedrontado, destilou "Olha, posso ser herege, mas é melhor um herege vivo do que um herege morto, e eu quero viver", mas o veículo seguiu incólume em alta velocidade.

---

[196] *LERNOUX, Penny. A barca de Pedro*: nos bastidores da Igreja. São Paulo: Ática, 1992. p. 121.

[197] BOFF, 2005, p. 461.

[198] Depois de ser deposto da cátedra de Teologia na PUC-RJ, por Dom Eugênio.

[199] Embora seu inquiridor e juiz não fosse Joseph Ratzinger, nem ao mesmo a Congregação para a Doutrina da Fé, mas os próprios bispos peruanos que tinham, porém, sido obrigados pela CDF a realizarem o julgamento, também fora decidido por Ratzinger o local do julgamento, Roma, o que era absolutamente incomum, se não inédito.

[200] Na célebre entrevista à *Caros Amigos*, o teólogo afirma com precisão que o horário marcado era 9 h e que estava em seu posto restando 3 minutos para o horário quando foi abordado pelos guardas. No entanto, a informação foi alterada para 9 h 40 min em suas reflexões sobre os 20 anos da condenação, igualando-se à descrição de Bernstein e Politi (1996, p. 416).

Um só veículo da imprensa conseguiu seguir o carro: tratava-se do jornalista brasileiro Renato Machado[201], que, colado ao veículo de "sequestro", conseguiu adentrar nos jardins internos da CDF e foi preso pela polícia local. O jornalista passou horas preso até que fosse finalmente liberado ao fim da inquisição entre Boff e Ratzinger.

Em frente ao portão da CDF, um gradeado repleto de pontas como se fossem espinhos direcionados para o lado de fora, Boff perguntou: "aqui é que é o local da tortura?"[202] ou "é aqui a famosa sala de tortura da Inquisição?"[203]. Para além da sutil diferença de forma, as duas afirmações aparecem em contextos diferentes, na entrevista à *Caros Amigos*, que recebeu o nada singelo título, por parte da revista, de "A Igreja mente, é corrupta, cruel e sem piedade", trecho de uma frase de Boff. O teólogo descreve um clima policialesco atroz, em que, após a referida pergunta, afirma que "aquele oficial me deu uma cotovelada, com toda a violência...", enquanto em 2005 afirma que a pergunta fora feita com "um certo humor"[204]; e, sobre a relação entre ele e os demais guardas, no carro, conta que "rimos descontraídos, enquanto nos dávamos amigáveis cotoveladas"[205].

A memória é, muitas vezes, traiçoeira, mas sobretudo é preciso entender que:

> A memória é, em parte, herdada, não se refere apenas à vida física da pessoa. A memória também sofre flutuações que são função do momento em que ela é articulada, em que ela está sendo expressa. As preocupações do momento constituem um elemento de estruturação da memória.[206]

Em 1992, Leonardo Boff renunciou à função presbiteral na Igreja Católica, mas evitou entrar em muitas polêmicas e falar mais abertamente sobre o conflito com o Vaticano. Foi entre 1997[207] e 1998[208] que o autor resolveu se pronunciar de modo resoluto, e, certamente, as mágoas e os ressentimentos acumulados conformaram a articulação de sua memória sobre os eventos

---

[201] O jornalista tem uma relação especial com a Teologia da Libertação. Em sua mão é possível ver um anel de tucum, um símbolo do compromisso dos cristãos com os pobres.

[202] BOFF, Leonardo. *Teologia do Cativeiro e da Libertação*. 6. ed. Petrópolis: Vozes, 1998.

[203] BOFF, 2005.

[204] *Ibidem*, p. 452.

[205] *Ibidem*, p. 453.

[206] POLLAK, Michael. Memória e identidade social. *Estudos Históricos*, Rio de Janeiro, v. 5, n. 10, p. 4, 1992.

[207] Especialmente o programa Roda Viva, da TV Cultura.

[208] Especialmente a bombástica entrevista à revista *Caros Amigos*.

de 1985, enquanto em 2005, já na serenidade da velhice, sua pena corre com menos força sobre o papel.

Não obstante as tênues diferenças do terror objetivo ocorrido naquele 7 de setembro de 1984, ambas as situações se igualam em termos de violência simbólica, ambos trabalham para humilhar e esmagar o teólogo do terceiro mundo que se apresenta à milenar Igreja Católica como réu em um processo em que não há advogado conhecido de defesa e no qual se condensam as funções de legislador e acusador nas mãos do próprio juiz.

Anos depois, no prefácio ao livro *Manual do inquisidor*, Boff discorre sobre a lógica própria que rege o processo inquisitorial, conformada secularmente:

> Os inimigos da verdade e da reta doutrina (ortodoxia), os hereges verdadeiros ou presumidos devem ser perseguidos lá onde estiverem e exterminados. Deve-se esquadrinhar suas mentes, identificar os acenos do coração, desmascarar idéias que possam levar à heresia. Contra o mal absoluto – a heresia – valem todos os instrumentos e todas as armas. Pois se trata de salvaguardar o bem absoluto – a salvação eterna, apropriada pela adesão irrestrita à verdade absoluta como vem proposta, explicada e difundida pela Igreja.[209]

Boff, depois de adentrar os portões da CDF, desceu do carro e foi entregue a dois novos guardas, que o escoltaram até o elevador, onde Joseph Ratzinger, impecavelmente paramentado, o esperava. Boff saudou-o em bávaro, em tom coloquial, algo como "Deus esteja convosco, Ratzinger", ao que o cardeal respondeu em igual língua. Leonardo Boff foi então levado por altos corredores até a famosa sala da inquisição.

Ao se deparar com a cadeira na qual se sentaram Galileu Galilei e Giordano Bruno, Boff não se conteve e fez uma reverência à cadeira, o que, segundo Boff, irritou profundamente o cardeal. Antes ainda de se sentar, o teólogo apresentou a seu inquiridor uma petição em seu favor, com cerca de 100 mil assinaturas e inúmeras outras demonstrações de apreço em formas de cartas[210]. Ratzinger resmungou que elas eram fruto da manipulação de poucas pessoas, e Boff argumentou que deveriam, pois, ser pessoas com muitíssima

---

[209] BOFF, 1993, s/p.
[210] BOFF, 1998.

capacidade de comunicação, pois precisariam atingir, por exemplo, um cristão na Sibéria, um bispo das Filipinas e uma tribo indígena na Amazônia[211].

Antes de começar, um notário argentino, Jorge Mejía, tomou posição, ao que Boff interrompeu afirmando que no Brasil nada se fazia antes de uma oração. Ratzinger aceitou e, de mal grado, fez uma rápida prece para o prosseguimento da questão. Passaram então ao debate acerca de qual língua usar. Boff esquivou-se do alemão por ser a língua nativa de Ratzinger, que também é impecável em inglês e francês[212], e acabaram chegando ao espanhol, o qual Boff entendia que era possivelmente superior.

Foi oferecido a Boff escolher entre um inquérito pormenorizado ou a leitura de sua defesa, que já havia sido enviada a Ratzinger. Boff optou pela leitura do documento, mas Ratzinger objetou que ele era muito grande e encontraram o meio-termo da leitura das partes mais polêmicas, nas quais o inquisidor ia verificar seu caráter de reta doutrina ou não. "Com base em que critério?", perguntou o réu, ao que seu acusador respondeu que essa era sua função, a de ter o critério[213].

A inquisição desenvolveu-se conforme a defesa de Boff. Seu primeiro argumento, de caráter global, é a impossibilidade de se questionar o livro *Igreja: carisma e poder* como um todo orgânico, uma vez que se trata de uma coletânea de artigos e eles deveriam ser tomados em face de sua lógica interna, foram escritos em oportunidades e para públicos diferentes, o que lhes confere, a cada um, uma organicidade própria.

Adiante, o teólogo trata do contexto vital do livro ICP e remete-se à pobreza e aos desafios que se exige da Igreja nesse contexto, carecendo ela de pensar e se depurar sempre nesse processo. Tratando especificamente da acusação que lhe fora lançada, informa que: "Teria esperado maior atenção na citação dos textos, há imprecisões e até erros de citação, o que, lamentavelmente, vem em desdouro a esta alta e última instância doutrinária da Igreja".

Boff vem sistematicamente informando que o pastiche, o ajuntamento arbitrário de trechos do livro e esses erros de leitura são os maiores construtores dos erros que lhe são atribuídos. Desde a polêmica do Rio de Janeiro, o autor vem demonstrando uma série de deficitárias construções acusatórias.

Terminado o comentário geral do autor, ele passa a discutir ponto a ponto a carta de acusação. Quanto à introdução, procurou observar que o

---

[211] BOFF, 2005, p. 453.

[212] *Ibidem*.

[213] BOFF, 1998.

teólogo deve sempre esclarecer o que é, ou não, verdade de fé, mas repara que, das duas citações do papa que Ratzinger faz, uma está errada e outra incompleta. A primeira faz alusão ao discurso de Puebla, mas está, na verdade, na Exortação Apostólica *Catechesi Tradendae*, e a segunda omite uma palavra no meio da frase "cada um deve ter consciência de permanecer em íntima união com aquela missão de ensinar [a verdade] de que é responsável a Igreja". O autor ainda contrapõe às duas citações três outras, também de João Paulo II, em que ele aduz a uma "inalienável autonomia" do teólogo, e outra em que afirma não se reduzir a teologia ao magistério, e, por fim, defende uma "coragem para ousar" no pensamento teológico.

Sobre a primeira acusação:

1. De que

> [...] não se preste maior confiança à sã doutrina da Igreja e do Magistério [...] preferindo ao contrário com freqüência recorrer a uma certa corrente teológica infelizmente discutível e mais próprias de outros contextos (Hasenhütl, *Carisma, Ordnungsprinzip der Kirche*, Hans Küng, Ernst Käsemann etc.).

Leonardo Boff afirma que a fé é uma mesa em quatro pés, as escrituras sagradas, a tradição, o magistério e a inteligência teológica, e que a citação básica de sua obra é a Bíblia. São 228 textos escriturísticos, e fala-se 120 vezes em evangelho, 20 vezes em Sagradas Escrituras e 45 vezes em Antigo e Novo Testamento, somando 413 referências. Quanto aos padres, são citados Santo Agostinho, 13 vezes, seguido de Inácio de Antioquia, Leão Magno, Clemente Romano etc.

Quanto às citações ao magistério, para cuja necessidade Ratzinger chama atenção na acusação, são 52 citações aos papas recentes, tendo-se em conta que mais da metade dos artigos que compõem o presente livro foi escrita antes da eleição de João Paulo II. Setenta e oito vezes cita-se o Concílio Vaticano II, 56 referências gerais sobre o Magistério, inúmeras referências à CNBB. O capítulo III, "A Igreja e a luta pela justiça e pelo direito dos pobres", foi elaborado com base nos documentos *Octogesima Adveniens, Evangelii Nuntiandi, Redemptor Hominis, Justiça no Mundo, Lumen Gentium, Evangelica Testificatio, Conclusões de Puebla* e documentos da CNBB. Conclui, aludindo à carta/acusação, que, pelo menos nesse capítulo, "houve um estudo direto e levado até o fundo" sobre o Magistério.

Expondo seu ritual metodológico, Boff informa que ele emana das Conferências Episcopais e do documento de Puebla. Trata-se de partir das questões da vida da Igreja para procurar sobre tal desafio luzes da exegese, Tradição, Magistério e Teologia acessível num país pobre.

Fazendo uma análise pormenorizada da acusação que lhe é feita, Boff informa que o primeiro autor "condenado", "Hasenhütl", deve ter o nome escrito com dois "t", e não com um, como é feito, e que o nome de seu livro é *Charisma*, e não *Carisma*. E ainda que o autor é católico titular de dogmática em Saarbrücken e que ele fora aluno de Ratzinger, que deve conhecer e respeitar o texto, pois, em seu prefácio, agradecem-se "as múltiplas e enriquecedoras sugestões" do agora prefeito da CDF, que ainda se serviu da obra em uma coleção teológica organizada por si e Hans Küng. Informa ainda a pertinência do tema na realidade latino-americana.

Sobre Hans Küng, Boff informa que fora citado sete vezes, uma vez que o autor não pode ser desconhecido no tema da eclesiologia, no qual ele se constitui em base fundamental. Ratzinger, diz Boff, em seu *Das neue Volk Gottes*, cita-o mais vezes, 11. As citações no *Igreja: carisma e poder* inscrevem-se nos temas do carisma e na natureza do catolicismo, sem resvalar nos temas em que Küng foi condenado.

Sobre Käsemann, Boff informa que se somaram seis citações, incluindo uma coleção organizada por ele, e que "A qualidade exegética de Käsemann é tão universalmente reconhecida que parece-me ridículo um teólogo menor e periférico como eu acrescentar-lhe qualquer reparo".

Por fim, o autor pensa satisfatória sua utilização de fontes do Magistério, não obstante sua análise recaia sobre a hierarquia.

A segunda acusação é a que segue:

2.

> O tom usado é [...] polêmico, difamatório, até mesmo panfletário, absolutamente impróprio para um teólogo. [...] Além disso, falta com maior freqüência a precisão teológica: os termos usados adquirem um sentido ambíguo, por exemplo quando se trata do "sincretismo".

Boff defende que o teólogo pode usar-se de vários gêneros literários, dependendo de seus objetivos. Outrossim, relembra a tradição de referência à Igreja como *casta meretrix*, objeto de estudo do tão próximo de João Paulo II, Von Balthasar. Que o *habitus meretricious* foi já tão duramente criticado pelos Padres Ambrósio, Agostinho, Jerônimo, Bernardo e teólogos como o Bispo Wilhelm von Auvergne "que minhas expressões parecem até demasiadamente moderadas".

O autor vai declarar-se como um escriba e que seu gênero literário, a denúncia profética, é, por natureza, polêmico, e não sereno e moderado. Recorre a profetas bíblicos, como Isaías, que chama Jerusalém de "prostituta"; Jesus, que chamou os fariseus de "sepulcros caiados, serpentes, raça de víboras, homicidas, filhos da prostituição e do diabo", chamou a Judas de "diabo" e a Pedro de "Satanás"; Paulo, que, em carta aos Gálatas, exclama "oxalá sejam castrados todos os que vos inquietam".

Boff conclui sarcasticamente dizendo que certamente não se acha que tais afirmações não são "difamatórios e até mesmo panfletários, absolutamente impróprios" vindo de autores inspirados, quanto mais se deve tolerar expressões provindas de um "teólogo menor e pecador".

O autor continua citando Santo Antônio de Lisboa e suas ácidas observações sobre a hierarquia, chamada de "cachorros", "macacos" e outros. Por fim, Leonardo cita o próprio Ratzinger, cujo texto nos serve de epígrafe e termina a primeira parte, sobre a linguagem, dizendo-se dentro de uma tradição literária e informando que em toda oportunidade resguarda o caráter caro da Igreja, acima das maculações que lhe fazem os homens.

A segunda parte da arguição sobre essa acusação, a "falta de precisão da linguagem", leva Boff a conceder

> [...] que há falta de precisão teológica em toda a minha produção; isso – quero crer – não por displicência de minha parte mas pela própria inadequação estatutária (Congar) de todas as formulações humanas (também aquelas inspiradas das Escrituras) sobre o mistério de Deus. Elas possuem um valor próprio, verdadeiro, analógico, mas sempre aproximativo, pois o mistério é sempre inesgotável.

O teólogo pensa também que o exemplo do sincretismo pareceu mal escolhido quando o tema é imprecisão terminológica, pois foi feito aí um esforço especial de precisão, que levou à análise das várias definições de sincretismo, como adição, acomodação, mistura, concordismo, tradução e refundição, assumindo esse último sentido baseado nas citações dos Padres Orígenes, Justinho, Agostinho e Gregório, o Grande, entre outros. O que fora feito em face dos desafios pastorais da Igreja latino-americana.

Vamos ao terceiro ponto:

3.

> O material empregado nesse ensaio é muito variado: histórico, filosófico, político e sociológico. O trabalho teológico possui

> suas próprias fontes e exigências que no livro não são devidamente aplicadas. O conteúdo é com freqüência apresentado não tanto à luz da Revelação, da Tradição e do Magistério, mas do primado da práxis, procura como finalidade não a escatologia cristã mas uma certa qual utopia revolucionária alheia à Igreja.

Nesse ponto, o autor objeta, citando São Tomás, que o objeto da teologia é toda a realidade, desde que o feito à luz da fé. Argumenta que a realidade deve ser interpretada pelas ciências críticas e depois julgada pela fé: "Uma vez decifradas tais realidades com os instrumentos da análise crítica (portanto não ideológica) o teólogo passa a lê-las na perspectiva da fé, da Tradição, do Magistério e da razão teológica".

Observe-se o afastamento do marxismo como critério de análise da realidade, quando se informa a rejeição da ideologia, nesse sentido, entendida como falsa consciência; e, em face do discurso corrente no neoconservadorismo estadunidense e expresso também na *Instrução sobre alguns aspectos da Teologia da Libertação*, de 4 de setembro de 1984, está claro que o objetivo é excluir antecipadamente qualquer acusação de assunção do marxismo como ideologia, por parte de Boff.

Acerca da acusação do primado da práxis, Boff lembra seu rito metodológico expresso já na resposta à acusação *supra* e pergunta "Não fazia assim Jesus Cristo?", explicitando que Ele partia dos nossos problemas humanos.

A práxis, que é um pressuposto teológico da TL, é defendida quando Boff questiona por que há um preconceito com a práxis, já que nela reside nossa salvação[214].

Sobre a acusação de que procura uma utopia revolucionária, defende que não há nenhuma defesa de projeto revolucionário no livro, basicamente eclesiológico, mas um projeto de vivência de poder como serviço e que uma correta e completa definição de sua escatologia não deveria ser procurada ali, mas em sua obra *Vida para além da morte*.

Quatro ponto:

4. A única Igreja de Cristo é a Igreja Católica. Não se pode entender, como faz Boff, as confissões protestantes como "Igrejas".

O debate, que durou um total de três horas, foi tranquilo, exceto quando se detiveram nesse tema, no significado de uma frase em particular:

---

[214] Citando Mt 7, 21; 25, 31-46.

"a Igreja de Cristo subsiste na [*subsistit in*] Igreja Católica". Esse debate, cujo desenrolar mais à frente discorreremos, estende-se desde o *Igreja: carisma e poder* até os dias de hoje, e sua última aparição pública foi em um documento publicado pelo papa em 2007 em que reafirma sua posição e cita o teólogo brasileiro como exemplo de desvio doutrinário.

A questão básica dessa disputa, que Boff afirmou que é a única questão realmente teológica em que há divergência entre si e o Vaticano no que tange ao livro, é que Boff entende que o termo indica que a Igreja de Cristo subsiste na Igreja Católica, mas não só nela; os separados também formam igrejas; embora a Igreja Católica seja a consubstanciação mais perfeita dessa Igreja de Cristo, ela também tem subsistência no mundo protestante, que acentua, porém, um outro polo do cristianismo, o da graça, o da não identidade de Cristo com a religião, enquanto a Igreja Católica acentua a identidade com Deus[215].

Ratzinger, por outro lado, vê a subsistência como sinônimo de constituição de essência, de modo que a Igreja de Cristo subsiste somente na Igreja Católica, e não nas igrejas protestantes, que só formam comunidades eclesiais.

A seguinte acusação:

5. A proposta de Boff de pensar os dogmas como construções linguísticas historicamente localizadas e que devem ser constantemente atualizadas é entendida como uma relativização da revelação divina e que comporta uma perspectiva pré-doutrinal da revelação. Afirma-se que o

> [...] 'depositum fidei', para poder continuar realizando sua função de sal da terra que não perde seu sabor, deve ser fielmente conservado em sua pureza, sem deslizar, como gostaria o Sr. em direção a um processo único e dialético da história (cf.p. 130) ou em direção ao primado da práxis (cf.pp. 73-74).

Sobre a formulação dogmática, o autor afirma que sua posição é a mesma de Yves Congar, já conhecida, que na relação entre dogma (verdade) e sua formulação (fórmula linguística) há um compromisso de fé com aquela, e não com esta, que deve ser continuamente atualizada. Boff cita exemplos de definições dogmáticas que foram sendo reformadas até atingir uma formulação satisfatória para um determinado contexto e defendeu uma necessidade pastoral de possuir uma formulação acessível e útil para a evangelização.

---

[215] Segundo Leonardo Boff, Dom Aloísio Lorscheider, que participou da comissão que redigiu o polêmico documento, afiançou-lhe que sua compreensão do termo é a que quiseram transmitir os bispos (BOFF, 2005, p. 456).

Sobre a relação com a doutrina, Boff diz-se espantado com o questionamento, pois trata-se de senso comum; Deus não revelou uma doutrina, revelou-se a si mesmo, cuja essência se consubstanciou historicamente na pessoa de Jesus: sobre essa realidade divina, formulou-se posteriormente a doutrina. Para o teólogo, essa acusação não tem nenhum sentido, uma vez que Ratzinger, em sua própria carta, concorda que "É verdade que Deus, radicalmente, não nos revelou proposições, mas a si mesmo, vivo e salvador..."

Depois de citar em sua defesa trechos de João Paulo II e Henri de Lubac, conclui que

> [...] não basta "conservar fielmente o depósito em sua pureza", como diz o texto; ele deve se abrir ao mundo para poder dar frutos e mostrar-se de fato sal da terra. O sal só realiza sua natureza de salgar e dar sabor se penetrar nos alimentos humanos distintos dele.

Quanto à "dialética", Boff chama atenção para a utilização do termo no trecho citado de João Paulo II, sem "fantasmas ameaçadores", e também lembra que não se fala em "primado da práxis" nas páginas informadas, mas somente no Deus Revelado.

A última acusação:

6. Diante da leitura de Boff, da divisão de poder no interior da Igreja à luz de Bourdieu, que toma como modelo os meios de produção de mercadoria, Ratzinger escreve:

> [...] o Sr. propõe um novo modelo de igreja onde o poder seja concebido sem privilégios teológicos, como puro serviço articulado segundo as necessidades do povo, da comunidade. Trata-se de 'fazer uma Igreja viva, com serviços flexíveis, funcionais, sem privilégios teológicos' (p. 207, cf.p. 98ss.etc.).

> Uma tal posição suscita sérias reservas doutrinais e pastorais. Do ponto de vista teológico, não tem sentido introduzir na sociedade eclesial os meios de produção como eixo organizador. Por acaso não possui a Igreja de Cristo uma organização original própria, independente dos meios de produção? Um tal princípio é estranho à teologia. Por outro lado, 'dato no concesso' que o exercício do poder na história da Igreja possa ter sido tão negativo, com que objetivo se acentua um panorama tão deprimente? Como deveria ser o exercício do poder no novo modelo de igreja? Deveriam exercer tal poder?

O que se deve entender por serviços flexíveis, funcionais, sem privilégios teológicos? A doutrina tradicional da Igreja a este respeito, claramente confirmada também no concílio Vaticano II, supõe, entre outras coisas, duas verdades fundamentais: 1) a constituição da Igreja por instituição divina é hierárquica, 2) existe na Igreja um ministério hierárquico ligado essencialmente e exclusivamente ao sacramento da Ordem.

Sobre esse ponto Boff debruça-se especialmente, dividindo-o em cinco pontos. No primeiro, que engloba a situação da Igreja do Brasil e os desafios para a instituição Igreja, o autor vai defender sua visão de que imperam, como é natural, contradições no seio da instituição, que devem ser combatidas, e que seu intuito ao apontá-las não é difamar a Igreja, mas apontar sempre profeticamente um caminho mais em acordo com os princípios que defende e com a realidade pastoral em que opera.

O segundo ponto centra-se na defesa da legitimidade da utilização de categorias socioanalíticas para a análise da instituição Igreja. O autor informa que o elemento humano tem relativa autonomia na condução da Igreja e que é atravessado pelas contradições sociais, o que legitima a utilização de ciências de análise social. Boff assume que os teólogos da libertação estão inovando nesse sentido e explica servir-se das mais avançadas análises sociológicas nesse sentido, especialmente de Pierre Bourdieu, Otto Maduro, Medina e Pedro Ribeiro de Oliveira.

Observa-se ainda que essas perspectivas da Igreja se dão no campo na análise, e não da moral, e que essa introdução não tem um sentido teológico, mas em um momento anterior à teologia, na compreensão da instituição. Por fim, o autor ainda relembra as importações que a linguagem litúrgica operou na história em relação à economia, não se constituindo esse encontro de linguagens em qualquer novidade.

Em face da progressiva perda de poder por parte do leigo, Boff partiu para uma defesa historiográfica, conclamando São Clemente Romano para demonstrar a democracia eclesial do princípio da Igreja e Pio X para comprovar seu oposto, isto, é o extremo autoritarismo, que, segundo sua concepção, precisa ser combatido.

Sobre o abuso de poder sagrado e a indefectibilidade da Igreja, Boff afirmou ser uma questão prática e recorre a Jesus como exemplo de despojo do poder. Refutou a acusação de difamação lançada por Ratzinger com os próprios trechos do livro em que defende que esse é o "nosso" passado, que precisa ser reconhecido para ser superado, e não que esse é o passado meramente da hierarquia. Não obstante, dispôs-se a demonstrar na prática que esses abusos aconteceram, passando a discorrer sobre alguns deles que, segundo o autor, não se somaram ao livro para não escandalizar os fiéis, tais como sobre o Papa João XII e suas orgias com brindes ao demônio; o Papa Estevão VI, que desenterrara seu antecessor, Formoso, o julgou e condenou, despojando de suas vestes papais e jogando o corpo putrificado à população, que o lançara ao rio.

Por fim, em relação ao tema da possibilidade de ordenação extraordinária de ministros do povo, informa que não fora jamais defendida tal ideia no livro em questão, mas que esta foi afastada contundentemente na polêmica obra.

O outro debate ocorrido na inquisição de Boff, alheio às acusações iniciais, foi sobre o termo "luta". Ratzinger perguntou se os militantes das CEBs faziam luta armada, e Boff achou graça e deu a negativa, e o inquisidor perguntou então por que foi que eles sempre se cumprimentavam com o "Como vai a luta?". E o brasileiro insistiu que a vida do brasileiro já é uma luta.

Em determinado momento, Ratzinger convida Boff para uma pausa para um café, o que lhe traz algum aborrecimento, pois funcionários do Vaticano vêm a Boff pedir autógrafo e ouvem do inquisidor a repreensão "Ele é condenado, ele é condenado!", para se afastarem.

Travou-se, nesse momento, sintomático diálogo:

> 'Seu hábito lhe assenta muito bem padre, disse Ratzinger. Essa é outra maneira de enviar um sinal para o mundo.'

> 'Mas é um castigo trajar este hábito, porque vivemos num lugar muito quente.' Respondeu o réu

> 'Quando você o usa, o povo observa a sua devoção e paciência e então diz: 'Ele está expiando pelos pecados do mundo."

> 'Nós certamente precisamos de sinais de transcendência, mas eles não são transmitidos através do hábito. É o coração que tem que estar no lugar certo.'

> 'Os corações não podem ser vistos e, no entanto, as pessoas tem que ver *alguma coisa*[216]' insistiu o cardeal.

---

[216] Grifo do autor.

> 'Este hábito também pode ser um sinal de poder. Quando o estou usando e subo num ônibus, as pessoas se levantam e dizem: 'Padre, pode se sentar.' Mas nós tempos que ser servidores'[217].

A última sentença de Boff, de certa forma, remete-se ao conteúdo de sua defesa.

Terminada a primeira fase, iniciou-se uma segunda, inédita no catolicismo. Acompanharam o acusado dois cardeais brasileiros, Dom Aloísio Lorscheider, também presidente do Conselho do Episcopado Latino-Americano, e Dom Paulo Evaristo Arns[218]. Eles queriam participar da inquisição para testemunhar em favor da eclesialidade da teologia de Leonardo Boff e atestar seu benefício pastoral, no entanto Ratzinger não o permitiu; foi feito um arranjo em que a inquisição se dividiria em duas partes, uma primeira com a presença somente de Boff e uma segunda com a presença dos cardeais.

No entanto, a presença dos cardeais só foi permitida depois de conversa direta com João Paulo II e com o então secretário de Estado, Casaroli, mas, mesmo com o arranjo promovido, Ratzinger viu-se profundamente irritado com a presença de ambos:

> O cardeal Ratzinger ficou sumamente irado e disse: 'O fato de convocarmos um teólogo aqui já é uma condenação implícita. E esse teólogo, para escândalo dos cristãos, vem acompanhado de Castor e Pólux, as duas divindades pagãs, como anjos da guarda que o acompanham'. Eu disse: 'Cardeal, com licença, nós somos cristãos, venho acompanhado de São Cosme e São Damião e não de Castor e Pólux' – que sãos os equivalentes pagãos de Cosme e Damião.[219]

Ratzinger afirma a tese corrente de que a própria convocação ao Vaticano já é uma condenação implícita e, nesse ponto, revela sua preocupação com a ida dos cardeais, fato único na história da Igreja Católica. Até então, os acusados pela inquisição sempre receberam não mais do que a distância dos membros da hierarquia. A ida de Dom Paulo e Dom Aloísio à Santa Sé atesta a eclesialidade da teologia de Leonardo Boff, refutando a afirmação feita, ainda na primeira fase do processo, no Rio de Janeiro, de que se tratava de uma teologia pessoal.

---

[217] BERNSTEIN, P.; POLITI, 1996. p. 420.

[218] Pouco antes Dom Ivo Losrcheiter, presidente da CNBB, havia tratado diretamente com o papa intercedendo por Boff.

[219] BOFF, 1998.

Ademais, a presença dos dois cardeais esvaziou as bases da acusação de que a chamada *Igreja popular* era uma Igreja separada e contrária à hierarquia. A presença dos hierarcas em Roma era um desafio prático às acusações apresentadas à teologia de Boff e, por conseguinte, à Igreja do Brasil.

Mais ainda do que demonstrar a eclesialidade da *Teologia da Libertação*, a postura dos cardeais foi um sinal, uma demonstração da união nacional em torno de Boff, e esse era um fato preocupante. Roma entendia que o Brasil constituía um cisma potencial. Um cisma formal era deveras improvável, mas uma independência de fato, fundada no esvaziamento da legitimidade da superioridade papal, parecia apontar já no horizonte.

Sem escolha, Ratzinger admitiu os cardeais na segunda fase da reunião. Dom Paulo, que era conhecido de longa data do Cardeal Ratzinger, pois haviam feito o doutorado juntos, com bom humor disse que, se não lhes fosse permitida a entrada, diria à opinião pública que Boff não havia falado nem a metade sobre a Cúria, que esta era ainda muito pior.

No entanto, a segunda fase serviu somente para a redação do documento conjunto acerca da inquisição, que seria distribuído à imprensa, e para debater a *Instrução sobre alguns aspectos da Teologia da Libertação*, publicada quatro dias antes. Dom Paulo foi incisivo em criticar o documento e pediu outro, em que os teólogos libertadores pudessem participar da redação[220].

Estava terminado o colóquio, e restavam então suas consequências, a decisão do colégio de cardeais responsáveis pela comissão doutrinal e a reação de Leonardo Boff à decisão.

5. Depois do inferno... o inferno

Em março do próximo ano, como esperado, o representante Núncio Apostólico e o bispo de Petrópolis vão a Boff com um livreto impresso na Poliglota Vaticana, denominado *Notificação sobre o livro Igreja: carisma e poder. Ensaio de eclesiologia militante*, aprovado pela comissão de cardeais e por João Paulo II. A *Notificação* terminava apontando que "as opções aqui analisadas de Frei Leonardo Boff são de tal natureza que põem em perigo a sã doutrina da fé".

Deram meia hora para que o teólogo lesse, tempo depois do qual Boff disse que aceitava e concordava plenamente com o que estava ali escrito.

---

[220] De fato, em 1986 foi publicado novo documento, mais favorável à Teologia da Libertação, mas que, no entanto, encerra a visão da Igreja Católica à Doutrina Social.

O representante da nunciatura objetou que eram suas ideias que estavam sendo condenadas, e Boff afirmou que não[221].

O bispo e seu parceiro louvaram a disposição de Leonardo Boff, pois, segundo eles, a ordem era, em caso de não acatamento, ser feita dali mesmo a ligação para o Vaticano, que ordenaria imediatamente as sanções, tal como fora feito com Hans Küng. Mas não com o teólogo brasileiro, que, ao assinar a *Notificação*, ficava comprometido a moderar sua linguagem e a corrigir em notas de rodapé todos os equívocos em edições futuras e, em tese, eximia-se de penalidade. Isso é o que se esperava.

Tal expectativa não era infundada, pois encontrava apoio na regra básica do direito de procurar a correção espontânea da falha antes que se avente qualquer punição, o que, em absoluto, encontra identidade com o caso que se observa, pois, com essa assinatura, Boff assumia publicamente concordância com o Vaticano nas posições que este tomara sobre o livro *Igreja: carisma e poder*.

Contudo, em breve veio a ligação do Vaticano com todas as sanções, deposição da cátedra de teologia, da Editora Vozes, proibição de escrever, dar entrevistas: era a imposição do curiosamente chamado *Silêncio Obsequioso*. E, ao contrário do lapso cometido por muitos que escreveram sobre o assunto, não se tratava de uma condenação por um ano, mas por no mínimo um ano, que poderia perdurar por tempo indeterminado, *ad eternum*, possivelmente. Mas Boff afirmou não aceitar a sanção por telefone, disse que só a acataria por escrito. Seu interlocutor afirmou que o providenciaria[222].

Boff ganhara alguns dias e um conselho de uma grande amiga, Rose Marie Muraro: "Leonardo, fala". E no dia seguinte Boff deu uma entrevista à BBC, tendo Morris West como arguidor. Essa entrevista foi veiculada em todo o raio de alcance da rede, num arco total de abrangência de 700 milhões de pessoas[223]. Sua conselheira diria posteriormente que "nesse momento começou o cisma branco, um racha silencioso na Igreja que dura até hoje [1999]"[224].

---

[221] Boff, em suas considerações aos 10 e aos 20 anos da disputa, monta um quadro em que define o pastiche como método de acusação; dos trechos condenados, muitos não são dele, foram inventados ou são frases montada com trechos de várias outras frases ou cortadas, retirando-lhes o sentido pleno.

[222] BOFF, 1998.

[223] MURARO, 1999, p. 253.

[224] *Ibidem*, p. 253.

Antes de entrar em silêncio obsequioso, Leonardo Boff fez publicar uma nota sua em que pontua as seguintes afirmações:

1. Declaro que não sou marxista. Como cristão e franciscano, sou a favor das liberdades, do direito de religião e da nobre luta pela justiça em direção a uma sociedade nova.

2. Reafirmo que o evangelho se destina a todos sem exceção. Entretanto, reconheço que este mesmo evangelho privilegia os pobres porque eles constituem as maiorias sofredoras e são os preferidos de Deus, de Cristo e da Igreja.

3. Entendo que, numa situação de opressão como a nossa, a missão da Igreja deve ser, sem equívocos, libertadora.

4. Estou convencido de que as medidas tomadas a meu respeito não anulam a necessidade de, em comunhão com o Magistério, continuarmos avançando na elaboração de uma autêntica teologia da libertação.

5. Caberá doravante às instâncias competentes fornecer maiores informações.[225]

Na nota, Boff compreende que o Vaticano ataca o projeto da Igreja no Brasil e trabalha para sua ineficácia. Reafirma que não é marxista, pois, embora esse não seja o principal tema da *Notificação*, é sobre esse ponto que os conservadores da Igreja brasileira mais se escoram para atacar a *Teologia da Libertação*[226]. Ademais, reafirma o ponto básico da prática pastoral e guia teológico da TL: a opção preferencial pelos pobres.

À nota, somou-se sua célebre frase "Prefiro caminhar com a Igreja do que caminhar sozinho com a minha teologia", na qual está expresso um sentido de comunhão com a Igreja Católica, mas que é insuficiente para explicar os motivos da aceitação, por parte de Boff, do silêncio imposto pelo Vaticano.

A aceitação de Boff emanou de um juízo político que ele fez sobre aquela conjuntura. O teólogo entendeu que o Vaticano desejava a não aceitação da pena, para que se pusesse a Igreja brasileira e as CEBs em uma situação desconfortável que levaria à condenação da TL:

Eu entendi e assim também o entenderam muitos bispos importantes da igreja brasileira que o objetivo da intervenção do Vaticano

---

[225] BOFF, 2005, p. 464.

[226] ROLIM, 1989, p. 272.

não era propriamente eu. Queria atingir a Igreja do Brasil, a igreja comprometida com o social, com as comunidades de base e com a libertação. Eu era pretexto para frear o entusiasmo pastoral da Igreja na luta ao lado dos pobres. Sabendo disso, eu acolhi o silêncio obsequioso e as demais punições para impedir que atingissem e condenassem as comunidades eclesiais de base e a teologia da libertação. E creio que o consegui, pois os do Vaticano ficaram surpresos com minha atitude de aceitação.[227]

Essa atitude do teólogo brasileiro, no entanto — embora, em tese, possa ter trabalhado no sentido de impedir uma condenação mais larga da TL —, não resolveu os conflitos existentes; pelo contrário, eles se acentuaram com a querela e seu resultado.

Seria preciso acrescentar às características da Igreja brasileira que era recusada por Roma sua própria forma de estruturação. Para Lernoux[228], a principal mensagem que a Igreja brasileira enviou à Igreja em todo o mundo foi sua forma de organização, sua independente CNBB, seus bispos, cuja força não residia tanto no exemplo individual de pobreza e comprometimento, mas no caráter estrutural que tais comportamentos iam tomando.

Outros fatores que desagradavam Roma eram o conflito com o Estado e uma certa insubordinação em relação ao papa, consubstanciados no ato de Dom Paulo Evaristo Arns, em 1980. O cardeal brasileiro saía com o pontífice do estádio do Morumbi, onde o papa havia dialogado com os trabalhadores, quando João Paulo II recebeu o convite de um alto oficial do governo militar para se deslocar até seu próximo compromisso no helicóptero enviado para essa ocasião pelo governo. Dom Paulo informou ao papa que, se aceitasse, iria sozinho. O pontífice recusou a oferta, mas não se agradou da ocasião[229].

6. Consequências na relação entre Igreja d(n)o Brasil e o Vaticano

De fato, as relações entre a Igreja do Brasil e o Vaticano eram muito ruins. E esse estremecimento não dispunha somente dos hierarcas contra o autoritarismo romano, mas também (e talvez principalmente) dos militantes leigos contra a Santa Sé.

Na Arquidiocese de São Paulo, os leigos, com base no Centro Santo Dias, organizaram um abaixo-assinado em favor da revisão da punição de

---

[227] BOFF, 2010, s/p.
[228] LERNOUX, 1992, p. 136, 146.
[229] *Ibidem*, p. 19.

Boff. Essas assinaturas e muitas outras correspondências foram entregues ao Vaticano, somando um total de 2 milhões de correspondências pró-Boff[230]. Havia também outras manifestações de apreço ao teólogo brasileiro, como uma camiseta em que se podia ler "Pai, afasta de Boff este cale-se", em referência à célebre música de Chico Buarque contra a ditadura militar.

No campo jurídico, houve diversas manifestações de desagravo a Boff. Dr. Hélio Bicudo, então membro da Comissão de Justiça e Paz da Arquidiocese de São Paulo e dirigente do Centro Santo Dias de Direitos Humanos, também ligado à arquidiocese, qualificou nas seguintes palavras sua percepção sobre a condenação de Boff: "com a medida contra Boff, voltamos ao tempo da Inquisição e ele só não é queimado em praça pública porque essa forma de execução já foi retirada do Código de Direito Canônico"[231]. Dr. Mário Simas, notório defensor dos perseguidos da ditadura militar, também se manifestou, denotando a condenação de Boff como "despótica, tirânica e totalmente inadmissível"[232].

Foi também confeccionada, a pedido de diversas entidades ligadas aos Direitos Humanos, a despeito dos brados de oposição de Dom Eugênio, uma petição baseada no Código Canônico e fundada em "erros formais e substanciais" no processo, formulada pelos juristas Hélio Bicudo e José Queiróz, ambos também militantes católicos. Tal documento foi confeccionado e levado a Roma com a aquiescência de Dom Paulo Evaristo Arns[233], arcebispo de São Paulo, que acompanhara Boff ao Vaticano na ocasião de sua inquisição.

Assim dispõe o documento:

> [...] na qualidade de membros da Igreja Católica, Apostólica, Romana, vêm, com todo o respeito e acatamento, recorrer a Sua Santidade, da decisão adotada pela Comissão para a Doutrina da Fé, que impôs ao Teólogo Frei Leonardo Boff, um período de silêncio obsequioso, a renúncia de sua responsabilidade na redação da Revista Eclesiástica Brasileira e, bem assim, submissão à prévia censura 'in base alle norme in materia', de seus escritos teológicos.
>
> Para tanto, passam a expor o fato, as suas circunstâncias e as razões de direito que, ao pensar dos recorrentes, legitimam a

---

[230] LERNOUX, 1992, p. 64.

[231] *Apud* DUARTE, 1985, p. 7.

[232] *Apud ibidem*, p. 8.

[233] BICUDO, 2010.

imposição do recurso e, no mérito, sustentam a sua pretensão, qual seja, a de verem revogadas as proibições impostas ao teólogo Frei Leonardo Boff.[234]

Além dos autores da peça, assinavam o documento as entidades:

- Serviço Nacional Justiça e não Violência;

- Universidade Metodista de São Paulo;

- Coordenação da Pastoral Universitária da Universidade Metodista de Piracicaba;

- Centro de Defesa dos Direitos Humanos de Guarulhos;

- Centro de Defesa dos Direitos Humanos de Interlagos;

- Centro de Defesa dos Direitos Humanos de Campinas;

- Centro de Defesa dos Direitos Humanos da Região Lapa;

- Centro de Defesa dos Direitos Humanos da Vila Paulistana;

- Federação Piracicabana de Teatro Amador;

- Centro Santo Dias de Direitos Humanos da Arquidiocese de São Paulo;

- Centro "Oscar Romero de Direitos Humanos";

- Centro de Defesa dos Direitos Humanos de Osasco;

- Centro de Defesa dos Direitos Humanos de Perús;

- Clamor;

- Comissão Pastoral de Direitos Humanos e Marginalizados da Arquidiocese de São Paulo;

- Centro de Defesa dos Direitos Humanos de Boqueirão, Santos;

---

[234] BICUDO, Hélio; QUEIROZ, José. *Peça de apelação ao papa em face da condenação de Leonardo Boff*. São Paulo: Biblioteca da PUC-SP, 1985. No prelo. s/p.

- Comissão de Justiça e Paz da Diocese de Nova Iguaçu;

- Centro de Defesa dos Direitos Humanos da Arquidiocese de Juiz de Fora;

- Pastoral de Direitos Humanos de Volta Redonda;

- Centro de Defesa dos Direitos Humanos de Passo Fundo, Rio Grande do Sul;

- Sociedade Paraense de Defesa dos Direitos Humanos, Belém, Pará;

- Missão de Justiça e Paz de Goiânia, Goiás;

- Movimento de Justiça e Direitos Humanos, Porto Alegre, Rio Grande do Sul;

- Instituto de Estudos Socioeconômicos, Imesc, Brasília, Distrito Federal;

- Centro de Defesa dos Direitos Humanos de Viçosa, Minas Gerais.

O documento questionava erros processuais do procedimento contra Boff, como a ausência de uma acusação formal contra o réu, a ausência da plena defesa, entre outros. Um aspecto fundamental trabalhado é que não se caracterizou nenhum delito atribuível a Boff, de modo que o procedimento não poderia atingir sua pessoa. O procedimento realizado pela CDF, por sua natureza administrativa, somente poderia atingir a obra analisada.

Também a penalidade propriamente dita, o silêncio obsequioso, foi questionada, uma vez que ele infringe o direito de livre expressão. Esse direito é consagrado universalmente, e o Vaticano incorporou-o ao assimilar a Declaração dos Direitos Humanos, também na assunção do pluralismo enunciada no documento *Gaudium et Spes*[235] e ainda ao assinar, em 1975, o tratado de Helsinque[236].

Os autores do documento foram ao Vaticano entregá-lo, dirigiram-se à Secretaria de Estado para solicitar uma audiência com o então secretário de Estado, Sr. Casaroli, com o intuito de lhe entregar o referido documento e

---

[235] Um dos documentos do Concílio Vaticano II.

[236] A cópia do processo foi depositada por Dr. Hélio Bicudo na biblioteca da PUC-SP. Não estando ainda organizada sua coleção, o acesso a esse documento foi-me possível devido à solicitude do bibliotecário Roberto Júlio Gava.

fazê-lo tramitar no Vaticano. A pessoa que lhes atendeu pediu que esperassem alguns dias para verificação da possibilidade de audiência.

No hotel, após dois dias de espera, receberam uma ligação do Vaticano informando que deveriam ir ao encontro do então presidente da Comissão de Justiça e Paz, Cardeal Roger Etchegaray, que os receberia em data acertada. Dr. Hélio Bicudo argumentou que, em seu juízo, o foro apropriado para a impetração de tal demanda era a Secretaria de Estado, ao que seu interlocutor, em tom irritado, teria respondido "Isso foi decidido!"[237].

É importante essa passagem como demonstração de que a organização jurídica do Vaticano é um imperioso formal, mas que, de fato, ele não responde segundo a racionalidade jurídica, mas segundo a racionalidade monárquica absolutista. Não há império da lei, mas da vontade daquele que concentra mais densamente o capital simbólico detido pela instituição e, progressivamente, em ordem decrescente, das demais instâncias, cada vez com menos densidade.

Nessa ausência de resposta à racionalidade jurídica, repousam ainda a violação do princípio da subsidiariedade e a violação de todos os princípios processuais no procedimento contra Boff, além da violação do tratado de Helsinque na imputação de penalidade a Leonardo Boff.

Sydow e Ferri[238] afirmam, de modo equivocado, que a petição fora entregue com o abaixo-assinado anexo; na verdade, o documento seguiu em três cópias em línguas diferentes, português, espanhol e italiano, mas sem manifestações de apoio anexas.

A Cúria não encarou de forma amável a interferência de leigos em assuntos eclesiásticos, e jamais houve uma resposta, somente dois anos depois uma carta da Cúria acusando o recebimento da petição[239].

Dom Luciano Cabral Duarte atacou duramente os que se opuseram à condenação de Boff em seu livro/panfleto O "caso Boff" e a rebeldia contra Roma[240], o que chamou de um levante de leigos contra Roma em uma orquestração nacional e internacional.

Duarte aponta em seu livro a disposição de Dr. Hélio Bicudo, entre outros, de levar o caso Boff à Corte Internacional de Justiça de Haia, na

---

[237] BICUDO, 2010.
[238] SYDOW; FERRI, 1999, p. 316.
[239] BICUDO, 2010
[240] DUARTE, 1985, p. 5.

Holanda, o que, segundo argumenta, seria uma impropriedade, pois um tribunal leigo não tem recursos para julgar uma questão própria de fé.

Questionado sobre tal pretensão, Dr. Hélio Bicudo confirmou-a, no entanto em termos específicos. A possibilidade de levar o caso ao tribunal de Haia só era cogitada caso o Vaticano se recusasse a receber formalmente a representação dos leigos brasileiros. Ademais, o tribunal de Haia não receberia uma representação legal, passível de julgamento, em relação ao Vaticano, mas somente uma apresentação de informação do tema[241].

Levar ao conhecimento do tribunal de Haia os meandros do *caso Boff* sem o propósito de que a questão fosse julgada pelo tribunal leva inexoravelmente à conclusão de uma despretensão jurídica, uma pretensão política clara de constranger internacionalmente o Vaticano e pressionar por seu recuo.

Embora não se tenha levado tal procedimento a cabo, Bicudo e Queiroz reuniram-se com a Associação Internacional de Juristas, em Paris, e com o Conselho Mundial de Igrejas, em Genebra, divulgando sua posição sobre a querela entre o Vaticano e o Frei Boff[242].

Dom Luciano Cabral Duarte encerra seu livro/panfleto desafiando os questionadores do papa em palavras cujo maior mérito não é a amistosidade:

> Concluo, fazendo votos sinceros de que o bom senso volte aos grupos católicos que estão em bulhenta e descabida efervescência. Desativem, irmãos bispos, religiosos, sacerdotes e leigos, as antenas desta malfadada articulação nacional e internacional, urdida para denegrir e desprestigiar o Papa e a Santa Sé. [...] Agora, uma coisa: que ninguém se engane. Ponham mesmo um ponto final nesta série ignóbil de agressões ao Sucessor de Pedro. <u>Deixem no seu lugar, nas trevas do mal, esta idéia diabólica de arrastar o Papa a tribunais leigos: 'cuidado com os homens (disse Jesus aos Apóstolos), eles vos entregarão aos tribunais'. (Mat. 10, 17)</u>[243].

> Peçam perdão por terem imaginado levantar uma lista de um milhão de assinaturas de contestadores de João Paulo II. E se, apesar do apelo, o fizerem, saibam que nós, os católicos da eterna Igreja de Jesus, de Maria e de Pedro, dobraremos o

---

[241] BICUDO, 2010.

[242] BICUDO, 2006, p. 169.

[243] Grifo nosso.

lance, e levantaremos dois milhões de assinaturas, de apoio, de fidelidade e de amor ao Papa e à Santa Sé.[244]

Essa era, pois, não uma posição isolada, mas, juntamente a Dom Eugênio Sales, Dom Luciano Cabral Duarte era porta-voz dos conservadores brasileiros, que, nesse documento, fazia um apelo para a contenção das contestações jurídicas e políticas a João Paulo II.

Mas a tensão entre Brasil e o Vaticano era crescente, milhares de correspondências inundavam a Santa Sé, e as críticas não se limitavam à Igreja: a TL virou um assunto nacional, com boa vantagem sobre o Vaticano. João Paulo II decidiu então fazer uma mensagem televisionada contra a fome e a miséria no país, mas a repercussão foi mínima; foi quando o secretário de Estado Casaroli propôs e organizou uma reunião de cúpula extraordinária entre a Cúria e os principais hierarcas brasileiros em março de 1986.

A convocação de 22 prelados brasileiros para essa reunião causou grande impacto na imprensa, que especulava qual seria a motivação para tal encontro. As teses aventadas estavam basicamente divididas entre a de que a reunião seria um golpe de enquadramento da CNBB, cuja prática permanecia nos marcos do *Cristianismo de Libertação*, e outra de que a reunião serviria como evento de comunhão, para amenizar as tensões entre Brasil e Vaticano[245].

Na reunião, João Paulo II ouviu as críticas dos brasileiros no que tange ao tratamento a eles dispensado pela Cúria e também pela punição a Boff. Dom Eugênio Sales, notando a esmagadora maioria em favor da TL, observou que "a minoria está ficando continuamente menor"[246].

O papa pediu que os conservadores dessem um passo em direção à CNBB para caminhar à comunhão. Ele próprio fez aprovar uma série de livros da coleção *Teologia e Libertação* que haviam sido proibidos por Ratzinger. Os brasileiros também puderam discutir pontos sobre a nova instrução sobre a *Teologia da Libertação* que estava sendo produzida, cujo esqueleto já havia sido montado por Boff e Gutiérrez quando ambos estavam em Roma por ocasião de seus julgamentos.

João Paulo II foi além. No intuito de restabelecer a confiança da Igreja brasileira, enviou uma carta à CNBB no mesmo ano afirmando que a Igreja brasileira era um exemplo para o mundo e que a "teologia da libertação não é

---

[244] DUARTE, 1985, p. 19.

[245] O GLOBO, 20.02.1986; FOLHA DE S. PAULO, 18-20.02.1986; FOLHA DA TARDE, 16.02.1986.

[246] LERNOUX, 1992, p. 123.

apenas oportuna, mas útil e necessária". Tal mensagem foi lida por Bernardin Gantin, da Cúria, em uma reunião de bispos em São Paulo. Primeiro alguns, depois dezenas e logo após eram 300 bispos em pé, batendo palmas, dando aleluias pela carta, e, num movimento natural, começaram todos a cantar de alegria e emoção[247].

Nesse mesmo encontro, os bispos aprovaram um documento, enviado ao Vaticano, em que se discutiam diversos aspectos da *Teologia da Libertação*, no intuito de nortear o novo documento que a Santa Sé produzia sobre o assunto. No que tange à admoestação da Igreja aos teólogos, o documento diz que:

> Nossa preocupação não é a sorte dos teólogos e sim das imensas massas de famintos e injustiçados. Por causa do sofrimento, os pobres são muito sensíveis. Sabem que a Igreja costumava apoiar os seus legítimos direitos até o momento em que essa posição entrava em conflito com os privilégios tradicionais dos ricos na hora em que estes últimos protestam, a Igreja se intimida e abandona os pobres à sua sorte. Acontecerá de novo a mesma coisa?[248]

O documento de fato foi publicado em 1986 com um acento mais positivo sobre a TL, mas ainda muito mais nos marcos da Doutrina Social da Igreja do que nos liames da libertação integral, incluindo a dimensão sócio-histórica, na perspectiva crítica em que era abordada na América Latina.

Não obstante, em 1986 haveria também outras surpresas. Naquela viagem ao Vaticano, segundo Boff, a delegação brasileira disse a João Paulo II que ele fizera o mesmo que os militares, censurando a palavra dos pobres, e que o papa considerou então rever a punição, ao que Dom Eugênio Sales objetou que isso demonstraria ao povo que o papa erra, o que não seria bom. João Paulo II acolheu temporariamente o apelo de Dom Eugênio, mas na Páscoa de 1986, 11 meses depois de imputada, a penalidade de Boff foi retirada. A condenação era de, no mínimo, um ano de silêncio obsequioso, podendo se estender até o fim da vida do teólogo brasileiro.

Enfim, 1986 foi ano de visita de João Paulo II ao Brasil, da *Instrução sobre a liberdade cristã e a libertação* (*Libertatis conscientia*), da suspensão da pena de Boff, do encontro em Roma com os hierarcas brasileiros, da carta do papa em que anuncia a TL como oportuna, útil e necessária. Enfim, foi

---

[247] *Ibidem*, p. 124-125.
[248] *Apud* ARNS, 2001, p. 446.

um ano em que todas as pendências entre Brasil e o Vaticano pareciam resolvidas. O futuro provaria a falsidade dessa perspectiva.

No ano seguinte, a política do "morde e assopra" do Vaticano pendulava novamente para a mordência. O livro *Trindade e sociedade*, de Leonardo Boff, foi proibido na Itália, a coleção *Teologia e libertação*, da Editora Vozes, foi embargada por Ratzinger, houve um ataque imenso às editoras católicas, a seminários e institutos religiosos de todo tipo.

Essa política não se limitou a 1987 e demarcou todo o relacionamento do Vaticano com a Igreja do Brasil e também com Leonardo Boff.

Em 1989 o teólogo brasileiro foi convidado a uma entrevista com o secretário da CDF Jérôme Hamer, que o interpelara sobre a questão dos pobres e da *Teologia da Libertação*. Assim Boff descreve o encontro:

> Ele vem, senta e diz: 'A tua igreja pediu um diálogo. Quem fala aqui é o responsável pela doutrina, não quero dialogar, só quero testar se a tua fé é verdadeira ou não. Primeiro, como referência: o que você acha do Vaticano II?' Eu disse: 'O Vaticano II foi um extraordinário concílio pastoral'. E ele: 'Erro, não é pastoral, é doutrinário. Esse é o teu erro, considerar que esse concílio adaptou a Igreja ao mundo moderno, não adaptou nada! Ele tem de ser lido na óptica do Vaticano I, como doutrina, e você não faz isso'. Aí puxa uma pasta com todas as minhas cartas. 'Na carta tal, você diz isto, pior, você subscreve' – porque eu sempre subscrevi, com um certo humor franciscano, frater teologus minor et pecator (irmão, teólogo menor e pecador). 'Você escreve isto, você é pecador mesmo?' Eu respondo: 'Está escrito, admiro que o senhor não se considere um pecador'. E ele: 'Eu sou autoridade, não cabe a mim apresentar-me como um pecador'. Digo: 'O senhor é um cristão'. Lembrei o famoso sonho de São Jerônimo, em que ele aparece no Céu e Deus lhe pergunta: 'Quem é você?' Jerônimo diz: 'Teologus sum traductor sum' – sou teólogo, sou tradutor da Bíblia. E Deus: 'Não, não conheço'. Até que Jerônimo acerta: 'Cristianus sum'. Então, Deus lhe diz: 'Sim, cristianus sum pecator sum'. E aí Deus o acolhe. Perguntei ao cardeal: 'O senhor esqueceu o sonho de São Jerônimo?' Pois ele respondeu dizendo: '"Eu estive no Brasil, conheço o teu país, e vocês cometem um erro fundamental que é pensar a partir da prática. Isso não existe, isso fazem os marxistas, não os cristãos. Os cristãos pensam a partir da tradição, a partir do magistério da Igreja, a partir dos documentos oficiais. E vocês tentam dialogar com a ciência a partir da realidade.

> Então, vocês não fazem teologia, vocês são menores, não têm seriedade no discurso'. Eu: 'Bom, se não tenho seriedade, por que o senhor me chama aqui, por que questiona os meus textos?' Até o ponto em que ele diz: 'Eu conheço o Brasil, aquilo que vocês fazem nas comunidades eclesiais de base não é verdade, o Brasil não tem a pobreza que vocês imaginam, isso é a construção da leitura sociológica, ideológica, que a vertente marxista faz. Vocês estão transformando as comunidades eclesiais de base em células marxistas, que, mais do que rezar e militar a palavra de Deus, aprendem a guerrilha. Por isso, vocês, quando começam a conversar, dizem: 'Como vai a luta?' Está vendo? A luta. E, para nós, isso quer dizer como vai a vida, não é?'[249]

Não nos parece que se tratou de um encontro amigável. Tratou-se, contudo, de um diálogo que expressou o tom da relação entre a Santa Sé e o teólogo brasileiro.

Em 1992, Frei Leonardo Boff foi um dos organizadores da Rio 92, o maior evento mundial da história até então para se debater a questão do meio ambiente. Em meio ao evento, recebe o superior da Ordem dos Franciscanos e diz-lhe que o Vaticano está disposto a silenciá-lo novamente e que escolha um mosteiro na Coreia ou nas Filipinas. Leonardo pergunta se lá poderá ao menos escrever, e é informado que não. Decide então desligar-se do estado clerical, abdica da Ordem dos Franciscanos e autopromove-se a posição leiga.

---

[249] BOFF, 1998.

IV

POLÊMICA E O PODER

1. Igreja hierárquica: a escala do poder

Um dos principais aspectos que marcaram o debate no interior da Igreja Católica no último meio século foi a questão da hierarquia. Um debate que se estende desde o início da Igreja e que teve ênfase nos últimos tempos.

Na Contrarreforma, a Igreja Católica ampliou o poder efetivo e simbólico dos sacerdotes, num processo de acentuação da identificação da Igreja com Cristo. Isto é, a forma de combate dos católicos contra os protestantes era a afirmação de que só se ia ao "Pai" por intermédio do "Filho" e que a Igreja Católica era o Corpo Místico do Filho, Jesus Cristo. Assim, valorizara-se o caráter sacro da Igreja Católica, necessariamente depositária do poder divino, estendido aos ordenados, ao clero.

Desde os primeiros séculos do cristianismo, pode-se verificar o fenômeno da institucionalização e da criação de um corpo de especialistas religiosos, por um lado, e um crescente alijamento dos fiéis da produção simbólico/religiosa. Evidentemente, faziam-se duas classes de cristãos, os ordenados/produtores do produto simbólico para consumo da outra classe, os fiéis/consumidores da produção simbólica elaborada pelos sacerdotes.

Para Bourdieu:

> Enquanto resultado da monopolização da gestão dos bens da salvação por um *corpo de especialistas* religiosos, socialmente reconhecidos como detentores exclusivos da competência específica necessária à produção ou à reprodução de um *'corpus' deliberadamente organizado* de conhecimentos secretos (e portanto raros), a constituição de um campo religioso acompanha a desapropriação objetiva naqueles que deles são excluídos e que se transformam por esta razão em *leigos* (ou *profanos*, no duplo sentido do termo) destituídos do *capital religioso* (enquanto trabalho simbólico acumulado) e reconhecendo a legitimidade desta desapropriação pelo simples fato de que a desconhecem enquanto tal.[250]

---

[250] BOURDIEU, 2003, p. 39, grifo do autor.

No entanto, entre os próprios ordenados, também há rígida divisão de trabalho. Sendo os padres responsáveis pelo atendimento à demanda popular de todas as espécies, tais como confissões, celebração de Missas, batizados, casamentos etc., também esses padres participam da organização da igreja onde estejam sediados, no nível da capela, da paróquia ou da diocese.

Um nível acima, temos os bispos, administradores das dioceses, considerados sucessores dos apóstolos. Todo católico está submetido a um bispo, administrador de sua região, e sobre ele exerce um poder simbólico como pastor de um rebanho de ovelhas, os fiéis de sua circunscrição geográfica, e um poder eclesial, isto é, do ponto de vista do governo da Igreja.

Acima dos bispos estão os cardeais, *Príncipes de Cristo*, de cujo grupo é eleito o papa[251], tendo em vista que são os próprios cardeais os responsáveis por tal eleição.

O papa, por sua vez, desde o Concílio Vaticano I, tornara-se ultrapoderoso. No referido Concílio, havia 11 documentos para a apreciação e possível aprovação do colégio dos bispos. No entanto, devido à belicosidade do processo de unificação italiana, o evento foi interrompido depois de aprovar um só documento, de número 8, que afirmara a infalibilidade papal nos pronunciamentos *ex cathedra*[252].

O evento e a decisão supradestilados apontam no caminho que Bourdieu afirma. Para o sociólogo francês, as religiões em fase de recrudescimento conservador tendem a cristalizar um maior número de doutrinas, no intento de tornar as posições daquele grupo dominante, conservador, posição institucional[253].

A estruturação da Igreja, do ponto de vista do poder, aponta níveis de densidade de concentração do tesouro de Cristo; o papa detém, nessa lógica, a integralidade do *depositum fidei*, tem acesso irrestrito às verdades de Cristo, por isso é infalível. Por deter toda a verdade, deve também deter todo o poder, e por isso não precisa aceder à racionalidade jurídica, de lavra meramente humana, nem ao antigo princípio católico de que a opinião geral dos católicos também constitui uma verdade de fé.

Nessa mesma lógica, deve-se entender que, à medida que se desce na hierarquia, as parcelas inferiores vão tendo acesso a parcelas dessa mesma verdade cada vez menores; assim, um cardeal tem acesso a uma parcela da

---

[251] Teoricamente não é necessário ser cardeal para ser eleito papa, mas de fato é.

[252] Há uma série de requisitos para que um pronunciamento seja considerado em tal categoria.

[253] BOURDIEU, 2003, p. 39.

verdade, portanto não pode ser infalível, porque não a detém toda, e, por isso, deve ser integralmente submisso ao infalível papa. Outrossim, esse cardeal tem acesso a uma parcela maior do que um padre e deve, portanto, exercer, com autoridade divina, seu poder sobre este. Vemos então uma presença escalar, do depósito da fé e, por conseguinte, de poder, nas instâncias hierárquicas na Igreja, em caráter decrescente, de uma total densidade a uma menor densidade e até uma ausência absoluta, desde o papa, passando pelos demais hierarcas, chegando ao leigo.

Curiosamente, o próprio Leonardo Boff corrobora esse gradiente de densidade em editorial da *REB* de junho de 1976, quando, ao apresentar um artigo do Bispo Dom Pedro Paulo Koop sobre a crença, diz que "O bispo não é apenas aquele que é o responsável pela fé verdadeira e pela doutrina ortodoxa. É fundamentalmente aquele que crê mais profundamente; por isso torna-se o mais responsável pela reta fé"[254].

No século XX, há um conjunto de acontecimentos que parecem perturbar a ordem do catolicismo tridentino. Já no começo do século, é fundada, pelo papa, a *Ação Católica*, instituição no intento de agir no mundo, fundada com identidade e núcleo organizativo construídos servindo-se de leigos católicos.

O Concílio Vaticano II, ocorrido entre 1962 e 1965, colocou em pauta essa questão da tensa relação entre a Igreja, sua hierarquia e os leigos, introduzindo o conceito de Igreja-Povo-de-Deus, isto é, a ideia de que a Igreja não é mais apenas seu corpo clerical, mas o conjunto de seus fiéis.

Também o mesmo evento apontou o colegiado como estrutura organizativa para a Igreja Católica. No entanto, o Concílio apontou diretrizes que necessitariam de uma regulamentação, por meio dos vários mecanismos legais que a Igreja possui, sendo o principal deles o Código de Direito Canônico. Este, porém, foi reformulado pela primeira vez, desde o Concílio, em 1983, sem que sua pauta fosse a colegialidade, de modo que o que temos hoje é o poder absoluto escalonado em instâncias, partindo do infalível papa até as instâncias inferiores. Nas dioceses, a posição dos fiéis ou padres não possui nenhuma influência (exceto por disposição pessoal do bispo), sendo a palavra do bispo a única válida, igualmente nas paróquias e capelas, em que os padres são os únicos mandantes.

---

[254] BOFF, 1976.

Os teólogos da libertação são os contraditores da hierarquia como poder, como dizem[255]. No entanto, sua prática muitas vezes não condiz com sua posição teórica.

Sousa[256], tratando da análise feita por Leonardo Boff, em 1978, acerca da Renovação Carismática Católica, expõe a argumentação do teólogo que propõe que os bispos utilizem seu poder para não reconhecer o movimento em questão. Sua linguagem é eivada da lógica do poder na defesa da recusa do movimento por parte dos bispos, isto é, da defesa do cerceamento de um movimento católico divergente por parte da hierarquia[257].

Neste momento, cabe apontar uma contradição latente no interior da *Teologia* e do *Cristianismo da Libertação*, que é, por um lado, a pertinente crítica ao poder centralizado da hierarquia como projeto de inserção de todos esses militantes no processo de organização e liderança na Igreja; e, por outro lado, a dificuldade de realizar plenamente esse discurso, uma vez que os bispos têm um papel especial na construção do *Cristianismo* e da *Teologia da Libertação*:

> Sociologicamente falando, a pergunta poderia ser assim formulada: como cobrar publicamente que o poder seja descentralizado, ao mesmo tempo em que se constata que é justamente o poder concentrado no Bispo (com a legitimidade historicamente conquistada na sociedade brasileira) que assegura, frente ao conjunto da hierarquia e frente à massa dos católicos, a viabilidade e reprodução da rede que conforma o setor progressista da Igreja?[258]

Pensamos que tal contradição é sublimada pelos intelectuais que entendem que não é importante refletir sobre a própria Igreja, ou que não se deve fazê-lo para não dar munição aos contestadores[259], e desconsiderada pelos autores que investem em refletir sobre a Igreja no intento de impulsionar sua renovação.

Desde o começo, a *Teologia da Libertação* investiu muito no tema da hierarquia, ou melhor, em sua recusa no formato apresentado. Especialmente o livro *Igreja: carisma e poder* reflete essa questão de maneira mais intensa, pensando o complexo hierárquico católico que vai desde as classificações

---

[255] Este é, aliás, um dos principais temas do livro *Igreja: carisma e poder*.

[256] SOUSA, 2005.

[257] Boff realiza uma *mea culpa* em relação a essa posição em face da RCC em *Ética da vida* (1992).

[258] NOVAES, 1993 *apud* WANDERLEY, 2007, p. 226.

[259] WANDERLEY, 2007, p. 226.

de cargos, papa, cardeal, bispo, padre, entre outros, até uma outra questão que se tornaria central na fase romana do procedimento: a hierarquização entre a Igreja de Roma e as Igrejas Locais.

A hierarquia, pois, não falharia contra o livro. Pouco depois de sua publicação, foi criada a CADF-RJ, que julgaria negativamente o livro. Não sendo suficiente, o livro passou à apreciação por parte da Congregação para a Doutrina da Fé, no Vaticano, na qual foi condenado e o teólogo sofreu censura de silêncio obsequioso. Ora, está evidente que a escala hierárquica é a escala da verdade: quanto mais acima subimos na escala de poder, mais chegamos perto das instâncias que, em tese, são as verdadeiras portadoras da verdade, corretoras das instâncias inferiores.

> O subcampo teológico é ele mesmo um campo de concorrência podendo-se levantar a hipótese de que as ideologias produzidas para as necessidades desta concorrência estão mais ou menos propensas a serem retomadas e utilizadas em outras lutas (por exemplo, as lutas pelo poder na Igreja) conforme a função *social* que cumprem em favor de produtores que ocupam posições diferentes nesse campo. De outro lado, toda ideologia investida de uma eficácia histórica é o *produto do trabalho coletivo* de todos aqueles a quem ela expressa, inspira, legitima e mobiliza, sendo que os diferentes momentos do processo de circulação-reinvenção são outros tantos passos iniciais. Tal modelo permite compreender o papel atribuído aos grupos no ponto de Arquimedes onde se articula o conflito entre especialistas religiosos situados em posições opostas (dominante e dominadas) da estrutura do aparelho religioso e o conflito externo entre os clérigos e os leigos, ou seja, os membros do baixo clero, ainda nas ordens ou que deixaram a batina os quais ocupam uma posição dominada no aparelho de dominação simbólica. Poder-se-ia explicar o papel atribuído ao baixo clero (e em geral, à inteligência ploretaróide) nos movimentos heréticos pelo fato de que ocupam uma posição dominada na hierarquia do aparelho eclesiástico de dominação simbólica, apresentando certas analogias, em virtude da homologia de posição, com a posição das classes dominadas. E em virtude de sua posição *inconsistente* na estrutura social, dispõem de um poder de crítica que lhes permite dar à sua revolta uma formulação (quase) sistemática e servir de porta-vozes às classes dominadas.[260]

---

[260] BOURDIEU, 2003, p. 66, grifos nossos.

Podemos ver aqui elementos que apontam a inter-relação em que esses discursos no âmbito da teologia se interseccionam com o da política, isto é, o momento em que o discurso teológico não é somente teológico, de tal modo que podemos alcançar sua dimensão política.

É patente que a discussão formada com o livro *Igreja: carisma e poder* é, ao mesmo tempo, uma discussão teológica, mas que discute a eclesiologia tal como experienciada pelos fiéis, leigos e baixo clero, e nesse sentido se confunde por vezes com a sociologia. Também há uma discussão política e metodológica, em que o gênero crítico é insinuado como contracatólico por parte de Zilles na primeira fase do procedimento. Para ele, o método de Boff em tudo se confunde com o de Nietzsche, Freud e Marx, em que a desconfiança é a regra magna.

Se em outro momento deste trabalho vamos avançar nessas questões mais profundas do texto, cabe aqui somente apontar que a dicotomia baixo clero/alto clero, relacionada com a progressista/conservador, cumpre um papel no interior do texto e aparece politicamente no instrumento de poder da hierarquia por meio do processo doutrinário.

Há, assim, uma advertência doutrinal contra Boff vinda "da Igreja". O poder carregado pelo papa não é o de sua pessoa, mas o da sua instituição. Se militantes do *Cristianismo de Libertação* tinham um poder popular fermentado pela benção de seus padres, identificados como representantes de Deus junto à grande parte da população, agora o feitiço se volta contra o feiticeiro, a sanção da própria Igreja compõe um constrangimento simbólico que vai muito além da crítica conceitual ou acadêmica a um livro e vai, de maneira mais sorrateira e incisiva, minando o poder simbólico dos padres libertadores junto ao conjunto da população e, em especial, ao laicato em formação, do qual, eventualmente, emergem militantes/intelectuais da *Teologia da Libertação*.

Nesse sentido, há de se observar que, em sendo hegemônicos os progressistas no país, o poder bispo/padre exerce sua função em sua maioria em favor dos progressistas, constituindo a primeira fase do procedimento contra Boff, de um bispo brasileiro denunciando esse progressismo católico, não a regra, mas a exceção.

Isto é, o conjunto de relações exercidas como poder no interior da Igreja, de agentes que despendem o capital simbólico da Igreja, são progressistas ou estão circunstancialmente no campo do progressismo. Nesse sentido se insere a política de normalização do episcopado realizada por João Paulo II.

Beozzo lembra que Joseph Ratzinger, em seu *Rapporto sulla fede*, já admite que o processo de revisão das tendências pós-conciliares inclui uma reformulação no método de escolha dos bispos, aumentando o papel das nunciaturas, embaixadas do Vaticano, em detrimento do papel dos bispos que se aposentam, das comunidades diocesanas e das conferências episcopais[261].

A norma, instituída por Paulo VI, estabelece que:

> As Conferências Episcopais, segundo as normas estabelecidas, ou a serem estabelecidas, pela Santa Sé, a cada ano, tratem segundo juízo prudencial e sob segredo a respeito dos eclesiásticos a serem promovidos, no próprio território, ao episcopado e proponham seus nomes à Santa Sé.[262]

O papado de João Paulo II burla as normas, uma vez que elas não estabelecem uma obrigatoriedade de aceitação dos nomes das Conferências Episcopais; os nomes são recebidos e são rejeitados, em benefício dos nomes indicados pelos bispos conservadores e, em especial, pelos núncios.

Um exemplo dessa inversão foi o que aconteceu por ocasião da aposentadoria de Dom Paulo Evaristo Arns, que afirmara que, "A pedido do Vaticano, eu enviara três nomes, com os respectivos perfis dos candidatos. Dom Cláudio Hummes, que veio me substituir, não constava dos indicados"[263].

Para Löwy, "A arma decisiva nas mãos do Vaticano contra os 'desvios' doutrinais e agentes pastorais 'excessivamente políticos' é a nomeação de bispos conservadores"[264], "o objetivo dessa política é 'desmantelar' a Igreja Brasileira"[265].

Mas, se a Igreja do Brasil foi um dos piores entraves no processo restauracionista do papado de Karol Wojtyla, a nova política de nomeação de bispos não era uma estratégia simplesmente para o país; João Paulo II teve dificuldades em toda a América Latina e também em outras partes do mundo.

João Paulo II recebeu duro questionamento também do episcopado inglês, estadunidense, canadense, belga, holandês, austríaco, africano e japo-

---

[261] BEOZZO, 1993, p. 279.

[262] *Apud ibidem*, p. 280.

[263] ARNS, 2001, p. 241.

[264] LÖWY, 2000, p. 216.

[265] *Ibidem*, p. 153.

nês[266], estabelecendo uma política de nomeações episcopais com o estrito papel de substituir os progressistas por conservadores, em todo o mundo[267].

A polêmica em questão se deu entre membros da alta hierarquia contra um padre. Como já dissemos, no episcopado brasileiro os progressistas eram uma minoria que influenciava os moderados[268]. A política de processamento dos focos de pensamento divergente atuou especialmente no constrangimento do conjunto dos pensadores em aproximar-se das condutas reprovadas. Especialmente os bispos passam a sentir dificuldades em se servir da assessoria teológica do indivíduo processado ou de todos quantos se aproximem de suas teses.

Afirma Joseph Ratzinger:

> Quanto à teologia da libertação, tivemos de intervir também para ajudar os bispos. Havia o risco de uma politização da fé que a teria impelido para uma partidarização política irresponsável e que teria destruído o que é especificamente religioso [...]. Hoje, reconhece-se, em grande medida, que nossas instruções foram necessárias e que andavam na direção certa.[269]

Leonardo Boff, ao justificar sua insistência em se defender das acusações implicadas na recensão da CADF-RJ, afirma que,

> [...] por respeito a tantos bispos da A. Latina, do Brasil que me convidam a falar para o seu clero e a pregar retiros em suas dioceses. Se esta é minha posição verdadeira, se eu não a desmentir, eles seriam enganados e ludibriados por mim.

Em outro trecho, afirma:

> Diz o Prof. Urbano Zilles: 'percebe-se, geralmente, uma tendência muito forte para 'liquidar' a Igreja institucional. Parte do pressuposto de que a Igreja institucional, que aí existe, *nada tem a ver* com o Evangelho. Nela *tudo* é mentira e ilusão. Deve ser desmascarada e desmistificada' (BRC, 27). Esta pressuposição de Urbano Zilles é totalmente falsa e não se deduz nem da letra nem do espírito de meu livro '*Igreja: Carisma e Poder*. [sic] admira-me que um teólogo possa dizer isto de outro teólogo, colocando-o na companhia de ateus manifestos como Nietzsche, Freud e Marx como faz in recto o

---

[266] BERNSTEIN; POLITI, 1996, p. 434-435.

[267] KÜNG, 2002, p. 443.

[268] LÖWY, 2000, p. 66.

[269] RATZINGER, 1997, p. 75.

> comentarista (BRC, 27), não ignorando que o autor de *Igreja: Carisma e Poder* dedica grande parte de seu tempo na formação de futuros sacerdotes e retiros espirituais a ministros desta Igreja, como bispos, sacerdotes e religiosos.[270]

E quando, em sua tréplica, refuta duas ideias, a de que se punha na esteira do protestantismo liberal que nega a divindade de Cristo e a outra de que a Igreja institucional nada tem a ver com o evangelho, de que nela tudo é mentira e ilusão, afirma: "Não posso aceitar que isso fique sem ser retratado, por respeito aos bispos, padres, religiosos e leigos que me convidam frequentemente para conferências e cursos".

Em tudo se mostra Boff mais preocupado com aquilo que considera as acusações fundamentais de Zilles. A de que sua teologia vê Jesus como um mestre da ética e nada mais, isto é, nega-lhe a divindade, e de que sua teologia vê a Igreja institucional como uma ilusão, que deve ser combatida. Em ambos os casos, trata-se de acusações que levariam a *Teologia da Libertação* e Boff para o limbo dos não católicos, ou pior, dos não crentes.

Na economia do prestígio teológico, incide o burilamento erudito e a posição da Igreja, Corpo-Místico de Cristo, uma espécie de chancela divina de determinada proposta teológica.

A Igreja, como instituição, detém o capital simbólico originário da figura carismática de fundação. Num segundo momento, da religião institucional, os operadores de seus eventos sagrados prescindem de um carisma próprio, mas despendem o capital simbólico institucional. As altas instâncias católicas negam aos libertadores o "direito" de se servirem do manancial simbólico da instituição.

São, porém, complexas as instâncias da Igreja. Em especial no momento e no local estudados, temos contradição na própria articulação das instâncias da Igreja. Se no âmbito nacional as teorias libertadoras gozam de prestígio na CNBB, os conservadores, liderados com base em Roma, articulam formas de burlar as instâncias contraditórias.

Voltamos, portanto, às motivações apontadas na justificação da recensão ao livro de Boff realizada no Rio de Janeiro, presentes no primeiro texto de Zilles:

> [...] poderíamos perguntar: a Igreja nasce de Cristo e dos apóstolos ou simplesmente do povo de hoje? É, então, o Jesus

---

[270] *Apud* MNDH, 1985, p. 23, grifo do autor.

histórico apenas um membro do povo? E o que se entende por povo? Não faz a hierarquia parte do povo? O ponto de partida da teologia em pauta é, a rigor, o ponto de vista pessoal.

Mais à frente, lê-se que o intento é comparar a "Fé apostólica da Igreja com a Doutrina pessoal de um teólogo". Há aqui um claro movimento de desconsiderar a eclesialidade da *Teologia da Libertação*, hegemônica até então na CNBB, apontando-a como "mais uma" teologia, uma teologia pessoal.

Mas não é possível pensar a estrutura da relação entre a Arquidiocese do Rio de Janeiro/Vaticano com Leonardo Boff sem pensar no papel que este cumpre no país. Como se sabe, Leonardo Boff é um dos mais importantes teólogos do mundo, em especial da *Teologia da Libertação*; possui uma vasta produção bibliográfica e realiza palestras em diversos países. No entanto, há de se observar que não são os méritos no âmbito da academia que desagradam o Vaticano, mas a relação orgânica que ele possui com o *Cristianismo de Libertação*.

Wanderley afirma que

> Pode-se asseverar que a força da TdL[271] e de outros meios de pensamento e ação é fusionada por uma *rede* que compreende pessoas influentes, cursos de formação, comunicação oral e escrita, publicações multiformes, intercâmbio de experiências, informações.[272]

As bases de apoio do *Cristianismo de Libertação*, CEBs e pastorais sociais, estabeleceram um modo de ação que possui suas próprias formas de decisão e ação, mas que sempre perpassam os recorrentes cursos de formação, palestras e seminários e que são sempre amparados pelos materiais produzidos pelas instâncias superiores daquela expressão de ação, digamos, por exemplo, pela comissão nacional da Pastoral da Juventude, ou mesmo pela CNBB.

Em todos os casos apontados, há a participação do assessor como agente de formulação desses materiais e dessas comunicações orais.

Para Wanderley, há uma tendência em se pensar o assessor como um *intelectual orgânico*, na acepção gramsciana do termo. No entanto, esse seria um equívoco, uma vez que não há uma disposição deles nesse sentido, nem sua posição de classe o permitiria, uma vez que o intelectual orgânico

---

[271] Outra forma de abreviação de Teologia da Libertação.

[272] WANDERLEY, 2007, p. 167, grifos nossos.

deveria cumprir um papel de ponte entre a infra e a superestrutura e deveria representar de modo pleno uma classe social.

Os assessores seriam, assim, "tendencialmente orgânicos", pois apontam em um sentido de promover o compromisso das bases assessoradas com uma sociedade mais igualitária, e não cumprem um papel pleno como intelectuais orgânicos, mas tão somente no ambiente do interior da Igreja, aproximando-se do conceito de "intelectual orgânico religioso", que Boff expressa no próprio *Igreja: carisma e poder.*

Embora os assessores não fossem membros da classe trabalhadora propriamente dita, e sim membros de um grupo, na acepção gramsciana de conjunto não imediatamente correspondente à estrutura de classes, mas que se relaciona com ela, em geral, contribuíam com um repertório de questionamento da estrutura de classes, e muitos deles da estrutura hierárquica, como um correlato daquela.

É importante observar que, entre esses assessores, também havia pessoas que compunham a hierarquia, tais como bispos e cardeais, na mesma linha já mencionada. Pensa-se, assim, que os assessores, na relação com a base militante, realizam uma tarefa de, com o arcabouço teórico que dominam, fazer uma reflexão sobre a prática dessa militância. Porém, deve-se pensar sobre a amplitude que a influência desses assessores alcança, tendo em vista que não constituem grande número.

Para Wanderley[273], articulara-se um mecanismo de multiplicação das contribuições desses assessores, e esse mecanismo se relaciona intimamente com aquela rede afirmada por esse mesmo autor no início deste subcapítulo e que compõe a base organizativa do *Cristianismo de Libertação*[274].

Pensa o autor que dois são os "agentes intermediários" que fazem esse trabalho de multiplicação das leituras socioanalíticas, eclesiológico/sociológicas e teológicas dos assessores. O primeiro e mais influente desses agentes é o "agente de pastoral", que são os padres, seminaristas e outros membros das instâncias mais variadas das pastorais. Sua presença diuturna na vida das comunidades trabalha para afirmar sua influência.

O outro agente que trabalha em igual sentido são os animadores das comunidades. Em geral, trata-se de leigos do sexo feminino. Eles cumprem um papel tanto de divulgação da "linha" teórica e espiritual da assessoria

---

[273] WANDERLEY, 2007, p. 110.

[274] Wanderley não faz diferenciação entre Cristianismo e Teologia da Libertação, ficando com esta última designação. Usamos esta ou aquela expressão para demonstrar seu pensamento dependendo do contexto em que aparece.

como da experiência espiritual afinada com a proposta teórica, isto é, uma experiência espiritual libertadora, centrada na celebração e reflexão da vivência da fé como prática libertadora.

É importante observar que esses agentes não são meros reprodutores de uma teoria pré-acabada, mas são produtores, junto aos assessores, dessa teoria; eles a reelaboram, eles a ressignificam e leem novos eventos à luz dessa mesma teoria, fazendo um uso autônomo dela.

Um importante componente desse processo é a intelectualização desses agentes, que transitam de maneira mais ou menos tranquila, pela argumentação e pelos conceitos mais avançados dos assessores. Assim, o trabalho de assessoria é, além de uma reprodução de ideias, a reprodução de uma condição, a de intelectual libertador.

Outra observação pertinente é quanto à relação entre a assessoria, tal como ela aparece nas reflexões de Wanderley[275] e dos especialistas, um conceito um tanto diferenciado e apontado por Löwy:

> Um outro grupo que desempenhou um papel importantíssimo na formação do Cristianismo da libertação [...] foram as equipes de especialistas que trabalhavam para os bispos e conferências episcopais preparando instruções e propondo planos para as pastorais e, algumas vezes, redigindo suas declarações. Esses economistas, sociólogos, planejadores urbanos, teólogos e advogados constituíam uma espécie de aparelho intelectual leigo da Igreja, que introduzia na instituição os últimos acontecimentos nas ciências sociais – o que, na América Latina a partir da década de sessenta, significava sociologia e economia marxistas (teoria da dependência).[276]

Parece-me um reducionismo restringir esse papel somente ao leigo. A diferenciação que parece haver entre o assessor e o especialista é que este disponibiliza sua formação técnica para a instrução da Igreja nas ciências de domínio de cada agente, enquanto aquele cumpre um papel mais orgânico de formação dos agentes de pastoral e animadores de comunidade.

No entanto, esses papéis não são excludentes e podem ser cumpridos por um mesmo indivíduo. Parece que Leonardo Boff cumpre um papel orgânico de assessoria, participando dos mais variados tipos de comunicação em movimentos populares, comunidades e pastorais, mas também o papel

---

[275] WANDERLEY, 2007.
[276] LÖWY, 2000, p. 72-73.

de especialista, na medida em que produz uma teologia que fundamenta as publicações da CNBB e se envereda na análise social nos seus mais variados livros.

Fica claro, diante do disposto, o papel multiplicador que esses intelectuais que atuavam na vida orgânica da Igreja tinham. Não se trata somente de Boff; ele se tornara um ícone, um exemplo, para a Igreja institucional, de que teologia não se fazer, de qual modelo de militância não se tomar: *"Leonardo e seu livro eram a ponta do iceberg, mas todos os teólogos da libertação estavam sob controle"*[277].

Temos, na polêmica que é objeto deste livro, um poder advindo da estrutura hierárquica da Igreja-instituição e, por outro lado, um teólogo que participa dessa mesma estrutura de poder como padre, isto é, investido de poder sacramental, um *representante de Deus*, mas regulado pela instituição que discerne entre o que é o "correto", ou seja, o que advém de Deus, e o que é o corrupto pelo humano, pela ideologia, entre outros, e cuja regulação se dá por meio da escala hierárquica.

Por outro lado, Boff também participa de um poder que se relaciona, sem subordinação, com a Igreja-instituição: a rede de relações gestada pelo *Cristianismo de Libertação*. O papel de Boff como assessor e especialista, no Brasil, país em que os partidários da *Teologia da Libertação* eram hegemônicos no âmbito da conferência dos bispos, dava ampla ressonância a suas ideias e ia consolidando um conjunto de práticas dissonantes da Igreja de Roma, conservadora.

Penso, assim, que os dois modos de ser Igreja conviviam não paralela, mas conjugadamente, muito embora cada qual disputasse a hegemonia no interior do aparelho religioso.

Quando aponto a hegemonia da *Teologia da Libertação*, trata-se tão unicamente da hegemonia da CNBB, e não da Igreja do ou no Brasil como um todo. Como demonstra Löwy[278], os libertadores, que ele denomina "radicais", sempre foram uma minoria influente. Os muito conservadores também constituíam uma minoria, restando a esmagadora maioria aos moderados, que compunham uma ou outra tendência dependendo da conjuntura.

Essas duas tendências apontavam cada qual em uma direção distinta, e um dos principais sustentáculos do *Cristianismo de Libertação* eram os

---

[277] CASALDÁLIGA, 2010, s/p.
[278] LÖWY, 2000, p. 73.

assessores/especialistas, entre os quais Leonardo Boff. Eles eram responsáveis pela formulação da *Teologia da Libertação*, isto é, a ferramenta teórica de harmonização de uma prática historicamente destoante do tradicional conservadorismo católico com a institucionalidade católica. Ademais, esse processo de formulação da TL não se dava nos gabinetes universitários, mas na relação orgânica dos assessores com a teoria, de um lado, e com a prática da militância libertadora, de outro.

2. Igreja institucional: "a" Igreja contra o teólogo brasileiro

A Igreja afirma-se em identidade com Cristo, mas a Igreja é feita por homens em uma escala hierárquica, e o critério de verdade de fé responde a esse esquema hierárquico. A CDF é a ponta desse filtro de critérios que, em tese, identificam o que está em acordo com Deus e, portanto, pode comungar do caráter católico, pode se servir do manancial simbólico da Igreja; e, por outra ponta, qual não se identifica com os propósitos de Deus. Em resumo, o que merece ou não ser chamado de teologia católica.

A Igreja estabelece suas instituições de defesa do status quo, suas trincheiras contra a mudança. Em períodos de reação conservadora, é ainda mais intenso esse processo. Vimos o uso de uma arma tradicional no intento de frear a mudança doutrinária, ou sua releitura. A CDF é um mecanismo de normalização do pensamento divergente e violência simbólica, não só de desmoralização do processado como de autocensura dos (ainda) não processados. Küng observa que "Depois [...] da cassação pela Igreja de minha permissão para lecionar [...] quase nenhum teólogo ousou questionar diretamente a doutrina da infalibilidade"[279].

A Congregação para a Doutrina da Fé é o antigo Santo Ofício[280], que, por sua vez, é o antigo Tribunal da Inquisição, que exerceu violência física e simbólica sobre os fiéis durante séculos. Com o desmoronamento da legitimidade da violência física e com o advento da pluralidade religiosa, a Igreja reformatou seus instrumentos de salvaguarda da ortodoxia, na qual se inscreve a CDF, que atua por meio da violência simbólica, desmoralizando o processado e deslegitimando sua teologia perante o público; desse ponto de vista, o próprio ato de se processar já se torna uma condenação[281].

---

[279] KÜNG, 2002, p. 234.

[280] Segundo Andrew Greeley (1980), no Vaticano todos ainda a chamam de Santo Ofício.

[281] ZYLBERBERG; CÔTÉ, 1999, p. 324.

Para Lernoux[282], a postura não exatamente julgadora, mas mais propriamente condenadora, que não admite a clemência, é característica do papel de inquisidor. O jurista Hélio Bicudo, ao se pronunciar sobre o processo que Boff sofrera em Roma, afirma que uma das regras atropeladas no procedimento romano é a tentativa de correção espontânea das falhas antes da punição.

Tais posições levam à compreensão de que não se trata propriamente de uma disputa entre Joseph Ratzinger e Leonardo Boff, cada qual armado de sua teologia, mas de uma manifestação da instituição católica, cujo acento, naqueles tempos, depositava-se em sua instituição interna de controle e condenação, a Congregação para a Doutrina da Fé. Tal realidade acena para a validade do diálogo entre Ratzinger e Dom Paulo Evaristo Arns, na ocasião daquela inquisição narrada nos seguintes termos:

> O cardeal Ratzinger, quando professor, aprovara a tese de Leonardo Boff. Era então considerado um dos teólogos mais avançados da Igreja. Logo depois, ao tornar-se prefeito da Congregação para a Doutrina da Fé no Vaticano, o cardeal condenou a mesma tese e proibiu Leonardo Boff de escrever, assumindo uma posição extremamente conservadora. Ao perguntar-lhe como tal coisa era possível, ele me respondeu: 'O julgamento depende do lugar em que estamos. Na universidade a tese de Boff era primorosa, e por isso a aprovei. Quando foi publicada no Brasil com o título *Igreja: Carisma e Poder*, encontrou-me em outro lugar, e por isso a condenei'.[283]

Penso que o diálogo expresso corrobora um certo consenso em torno da tese por nós advogada nesse tópico de inscrição da condenação de Boff num momento institucional à maneira típica da inquisição. Contudo, lembrando sempre, conforme nos afirma Pablo Richard[284], que as condenações aos teólogos da libertação "não são como as condenações da Idade Média, por erros dogmáticos", pois esses teólogos são absolutamente ortodoxos, são julgamentos políticos, dentro de uma estratégia política de combate ao *Cristianismo de Libertação*. Nesse mesmo sentido se pronuncia João Batista Libânio, sarcasticamente, sobre a obra de Boff: "Imagino a tristeza desconsolada dos censores desse teólogo vigoroso, milimetrando-o com a régua de alta precisão dos cânones da ortodoxia"[285].

---

[282] LERNOUX, 1992, p. 93.

[283] ARNS, 2001, p. 253.

[284] RICHARD, 1982, tradução nossa.

[285] LIBÂNIO, João Batista. Pensamento de Leonardo Boff. *In:* GUIMARÃES, Juarez (org.). *Leituras críticas sobre Leonardo Boff*. São Paulo: Perseu Abramo, 2008. p. 9.

Lembremo-nos, nesse ponto, de que a notificação de condenação de Boff afirma que "as opções" do teólogo são perigosas para a fé, não a doutrina, mas as opções. Trata-se de uma decisão inédita, condenar-se por algo diverso da doutrina, que em tese a CDF tem por missão salvaguardar. As opções são do campo das práticas, enquanto as doutrinas são do campo das teorias. As opções de que Ratzinger fala são os instrumentos escolhidos por Boff para interpretar a realidade e a estrutura da Igreja e a própria análise realizada.

Não obstante, no que tange à leitura do papel da instituição no tema sobre o qual me debruço, é preciso colocar a questão em um panorama mais largo.

João Paulo II empreendeu uma ousada ação de combate ao que definiu como excessos do Concílio Vaticano II. Basicamente foram duas as frentes abertas, uma contra a *Teologia Liberal* europeia, cuja reflexão estava interessada em harmonizar a Igreja Católica com o mundo moderno, questionando desde a moralidade até o próprio cerne da fé. A segunda frente é contra a *Teologia da Libertação*.

O continente latino-americano, local de surgimento e de maior vigor da TL, foi, desde a colonização, espaço de fé e mística católica em abundância. O questionamento da fé nunca nos foi colocado de maneira importante. Os principais elementos da *Teologia da Libertação* a serem atacados eram o marxismo, o compromisso com a transformação sócio-histórica em favor do empobrecido (este entendido como privado de condições materiais) e uma tendência de construção de espaços autônomos do Vaticano nas instâncias da Igreja. De tal forma que verificamos CNBB e Celam tão mais ligadas ao Vaticano quanto mais distantes eram suas direções da *Teologia da Libertação*.

Adentro nessa arena para advogar que a autonomia da instância nacional do episcopado brasileiro, a CNBB (em que a hegemonia dos libertadores era mais contundente), pode por nós ser entendida como geradora de um processo de forja de uma Igreja **do** Brasil.

2.1. Igreja Católica no Brasil e Igreja Católica do Brasil

No tempo dos primeiros cristãos, entre as mais ardorosas discussões estava o debate acerca da ideia de que haveria uma Igreja Católica "original", cujo domínio deveria se estender sobre a Igreja em outros lugares, e, em havendo tal legitimidade, qual seria, a do Oriente (Constantinopla) ou a latina (Roma). Esta se sobrepôs àquela, mas o equilíbrio foi mantido tenso até a cisão no século XI.

Daí por diante, tal tensão não se esgotou, mas permaneceu latente e por muitas vezes resultou em grave crise entre a Igreja Católica em Roma, a Santa Sé e a Igreja Católica Local.

Essa discussão possui tanto uma faceta teológica quanto sociológica. Ou melhor, tais discussões, no interior da instituição religiosa, dão-se sempre, oficialmente, em termos teológicos. É a teologia que dá à fé a razão justificadora e orientadora das intervenções sociológicas na realidade da Igreja.

Contudo, essa teologia não é trazida pelos anjos. Ela conta com um forte condicionamento das forças políticas no seio da instituição, bem como não se esgota nesses condicionamentos, circulando entre os condicionamentos objetivos impostos e a autonomia relativa de que goza no interior de um discurso próprio, formulado em bases que respondem a um conjunto de referenciais próprios da tradição cristã e católica.

A centralização em torno do papa como comandante absolutista, em meados da década de 1970, erodia a olhos vistos, e não só em face das experiências libertadoras e democráticas da Igreja na América Latina e especialmente no Brasil, mas também na percepção de importantes teólogos e hierarcas católicos da Europa. Chenu acreditava que a Igreja do terceiro mundo deveria ser formalmente independente da Santa Sé[286], enquanto a possivelmente mais importante personalidade do Concílio Vaticano II, Cardeal Leo-Jozef Suenens, de Bruxelas, Bélgica, sugeria que deveria haver quatro papas, um para cada parte do mundo[287].

Do ponto de vista teológico, a principal expressão dessa disputa entre Igreja local e universal foi a querela entre Joseph Ratzinger, enquanto prefeito da Congregação para a Doutrina da Fé, e o teólogo Walter Kasper. Para este, a Igreja Católica é toda Igreja Particular, que dispõe do tesouro da fé e que, em comunhão, irmana-se com a Igreja Católica de Roma, enquanto para aquele a Igreja Católica em essência é a Igreja Católica de Roma, que possui o tesouro da fé e o despende àquela Igreja Particular na condição específica em que esta fique a reboque das posições da Santa Sé. Nesse sentido, as Igrejas Particulares articulam-se com Roma não por irmanação, mas por subordinação desta àquela.

Enquanto manifestação sociológica, a evidente negação da tese de Ratzinger é a rebeldia contra Roma. Enquanto fórmula jurídica, a relação entre as Igrejas locais e o Vaticano é frágil e permite um grande campo para

---

[286] LERNOUX, 1992, p. 21.

[287] *GREELEY*, Andrew M. *Como se faz um papa*. Rio de Janeiro: Nova Fronteira, 1980. p. 118.

a rebeldia. Contudo, não é na arena jurídica que se travam as disputas entre o Vaticano e os rebelados.

Essa luta se dá no campo da práxis eclesial. A Holanda constitui um caso especial, em que a prática eclesial se tornara tão distante das diretrizes do Vaticano que se poderia falar em uma práxis propriamente holandesa.

O Brasil constituiu uma experiência similar, gestando uma práxis longínqua de Roma. As Comunidades Eclesiais de Base, com sua notória autonomia, começaram a substituir, como núcleo básico de vivência do catolicismo, a paróquia, os teólogos grassavam em um clima de liberdade efervescente, e a intervenção social da Igreja sofreu um aumento exponencial.

A CNBB adotou a *Teologia da Libertação* como a modeladora de sua produção teórica e de sua ação social. A TL, como já dito, armou-se do arsenal crítico para realizar uma leitura social da conjuntura nacional e, em face de tais leituras, tornou-se alvo de parte dessa mesma Igreja Católica, momento no qual se voltou para ela mesma, a Igreja, e não mais conseguiu fazê-lo ingenuamente. A TL olhou para a Igreja e interpretou-a com o arsenal crítico de que se armou. Nesse momento, descobriu que Igreja não é alheia ao mundo, mas uma instituição concreta, real, espremida no mundo, entre suas contradições, mas que também, em um plano global, a despeito das acomodações que realiza, projeta-se em comunhão com as forças conservadoras.

A CNBB realizou um movimento de afastamento das diretrizes romanas, fazendo sua própria leitura da realidade nacional e aplicando suas próprias diretrizes pastorais, muito distantes do projeto romano de centramento nos temas da moral individual. As preocupações que assombravam o católico brasileiro eram, ao contrário, o autoritarismo, a fome, o machismo etc.

É possível que a primeira reação à tese que defendo seja o surgimento da imagem de bispos que planejam se libertar dos domínios do papa. Partindo dessa desconfiança básica, gostaria de explanar minha posição sobre o tema trazendo primeiramente um trecho da entrevista que realizei com Frei Betto:

O questionamento foi:

> *A tese principal que advogo é a de que o caminho trilhado na América Latina e especialmente no Brasil era a de uma completa reconfiguração da Igreja Católica no mundo, pois far-se-ia uma ruptura com a submissão a Roma. Isto é, a Igreja no Brasil caminhava para se tornar a Igreja do Brasil, cuja relação com a Santa Sé se daria com base na comunhão. Como o Sr. avalia essa tese?*

Resposta de Frei Betto:

> *Digo com toda segurança e ênfase que a sua tese é completamente equivocada. Nunca passou pela cabeça de nenhum de nós romper com Roma ou a Igreja institucional. Queremos, sim, a renovação da Igreja Católica e novos modelos pastorais. Prova do que digo é que, durante as ditaduras latino-americanas nos anos 70, em países como Chile, Argentina e Uruguai, houve movimentos de "sacerdotes do terceiro mundo" ou "sacerdotes pelo socialismo", que romperam com a hierarquia. Em El Salvador, criou-se a Igreja Popular, à margem da hierarquia. Nada parecido ocorreu no Brasil. Jamais quebramos a comunhão eclesial. Se você vai por esse caminho, direi que a sua tese está imbuída de preconceito ideológico e eivada de má-fé, o que espero não acontecer.[288]*

Vê-se que o tema é polêmico. Mas a questão não foi bem compreendida por Betto; não se trata de afirmar um plano para que a Igreja do Brasil se voltasse contra a Santa Sé, recusando-se a obedecer a suas ordens, e muito menos formar uma Igreja independente. O que ocorre é que a relação entre o poder central da Igreja e suas expressões locais não se dá por meio de um rito juridicamente expresso, tampouco se mostra uniforme no interior da história, mas estabelece-se dinamicamente em face das vicissitudes históricas[289].

A configuração dessa relação na história presente (nos anos 1980) garantia uma farta visão da erosão da autoridade da Santa Sé, que se mostrava insuficientemente aberta para compreender as especificidades culturais e eclesiais das instâncias locais. A questão é que o domínio do Vaticano sobre as Igrejas Locais é sustentado unicamente pelo ocultamento da arbitrariedade de tal relação; uma vez desvelada tal arbitrariedade, passa a ruir tal domínio, e, na prática eclesial, essa subordinação do Brasil a Roma estava, já nesse instante, reduzida à esfera formal.

Igreja: carisma e poder era um compêndio de estudos que, em grande parte, participavam desse processo de desvelamento de quão arbitrário era o poder vaticano. Boff escreveria dez anos após sua condenação que:

> Não é sem razão que todo poder autoritário, uma vez desmascarado, mostra sua verdadeira face: persegue, condena e pune quem mostra o rei nu. A condenação de *Igreja: carisma e poder* é um entre tantos exemplos.[290]

---

[288] BETTO, 2010, s/p.

[289] Outra possibilidade é pensar a resposta de Betto não como fruto de uma não compreensão da tese, mas como uma resposta política, uma vez que no lugar político que ocupa, de frade participante do Cristianismo de Libertação, a admissão da tese da ruptura seria, de fato, imprópria. Faz-se uma demarcação insistente do território da união com Roma, afastando a ideia proposta, uma vez que está *além-fronteira* da doutrina oficial.

[290] BOFF, 2005, p. 441.

Muraro insiste que essa independência já se registrava efetivamente nos anos 1980 e que a censura a Boff não a resolvera e é uma questão ainda em pauta; em suas palavras: *"Porque que os bispos elegeram o grande inquisidor?*[291] *Pensa bem, é para reprimir, mas pondo a culpa sobre o papa, o que restasse da igreja libertadora, mas não adiantou nada porque ela* já tem vida própria"[292].

O fato é que a TL, ao se apropriar das ciências críticas, passou a realizar uma leitura desveladora da própria Igreja, e a erosão da autoridade vaticana sobre as igrejas locais era sentida de modo intenso — tal fato ficou ainda mais claro quando os mais importantes prelados brasileiros saíram em defesa de Frei Boff, mesmo estando este nas garras da inquisição. Foi a primeira vez na história da inquisição que um acusado vai acompanhado de sacerdotes, e note-se que o acompanharam dois cardeais.

Observe-se que, na própria correspondência entre Boff e Ratzinger, o réu afirma que a data da inquisição não fora escolhida aleatoriamente, mas agarrada a seu significado brasileiro, o de independência de uma potência estrangeira dominadora. Essa é uma das disputas do 7 de setembro de 1984, o rompimento ou a permanência do domínio vaticano sobre o Brasil na arena da Igreja.

Penso que a compreensão de uma expressão de Santo Agostinho, bastante conhecida e utilizada historicamente na Igreja, dá conta do status da relação entre Santa Sé e o mundo antes da *Teologia da Libertação*: *Roma Locuta, causa finita*: Roma falou, causa encerrada. Mas nos anos 1980 os pronunciamentos do Vaticano não eram encarados, ao menos na América Latina, como o esgotamento da questão, mas algo como "é isto o que Roma pensa"[293], e nesse sentido é que podemos entender o provocativo título dado pelo Movimento Nacional dos Direitos Humanos à edição que compilou os documentos do processo contra Leonardo Boff: *Roma Locuta: documentos sobre o livro Igreja, carisma e poder, de Frei Leonardo Boff*, que expressa algo como "Roma pronunciou sua posição sobre o assunto, agora aqui estão os documentos para que nós nos pronunciemos".

Na prática, a Igreja Católica agia como uma Igreja **do** Brasil, embora não pudesse nem fosse de interesse realizar uma ruptura com Roma. Essa autonomia vivia um processo de crescimento, que deveria desembocar em

---

[291] Referência à eleição de Joseph Ratzinger como papa, em 2005.

[292] MURARO, 2010, s/p.

[293] LERNOUX, 1992, p. 99.

um reordenamento das relações entre o universal e o local, em que a pedra de toque fosse a comunhão, e não a submissão.

Rose Marie Muraro entende que no Brasil já se vivia uma Igreja **do** Brasil[294] que foi duramente atacada por Roma e que teve como um dos principais eventos o processo contra Leonardo Boff. Penny Lernoux insiste que a Santa Sé estava extremamente preocupada com a independência que algumas igrejas locais estavam assumindo[295] e que, em se tratando do Brasil, havia um grande receio de que tal independência rumasse para um cisma[296]. Evidentemente que se trata de uma posição alarmista dos conservadores, mas que possuía lastro em uma realidade mais sutil de gradativa descentralização política no mundo católico.

Dentre os variados documentos, manifestos, abaixo-assinados, contra a decisão de Roma, destaca-se um documento assinado por dez bispos contra a decisão, além das manifestações de dezenas de outros prelados. Dom Luciano Cabral Duarte, visceral conservador, em seu livro/panfleto *O "caso Boff" e a rebeldia contra Roma*, vai defender que é a primeira vez que os bispos brasileiros se insurgem contra a Santa Sé e que se trata do fato mais grave ocorrido na Igreja do Brasil nos últimos anos. Inscrevia-se na estratégia alarmista dos conservadores do Vaticano.

Segundo o bispo, esse foi o momento em que foi a público e se agravou a desunião episcopal já existente; trata-se, pois, de uma divisão que há muitos anos corroera já a CNBB[297]. O autor traz de forma apropriada a seguinte noção: deve-se sempre reafirmar que, quando tratamos da Igreja do Brasil, estamos falando não em um bloco homogêneo, mas em um corpo heterogêneo, ainda que, nesse momento, largamente hegemonizado pelos progressistas.

No sentido de tolher o florescimento desse processo de construção de uma Igreja-instituição-local, a Igreja-instituição-universal estabelece e executa suas estratégias enquanto ainda goza de plenos poderes sobre todos os aspectos da vida da Igreja.

Até então, a CNBB "protegia" os partidários da TL de uma ingerência do Vaticano. A CNBB e sua Comissão de Doutrina eram, *a priori*, instância mediadora entre a teologia no Brasil e a Igreja universal. Os libertadores

---

[294] MURARO, 2010.

[295] LERNOUX 1992, p. 19.

[296] *Ibidem*, p. 146.

[297] DUARTE, 1985, p. 8.

podiam recorrer a esse dispositivo para, à luz do princípio da subsidiariedade, "impedir" a chegada das demandas dos conservadores contra os teólogos libertadores à Congregação para a Doutrina da Fé, em Roma.

Como vimos, a construção da Comissão Arquidiocesana para a Doutrina da Fé do Rio de Janeiro foi o mote para burlar a instância mediadora da CNBB. Ademais, lembremos que desde 1982 o Vaticano tentava condenar Gustavo Gutiérrez por via da Conferência dos Bispos do Peru (o que acabou não conseguindo), ou seja, a estratégia do Vaticano era a condenação do fundador da TL e de um de seus principais formuladores, respectivamente Gustavo Gutiérrez e Leonardo Boff, estendendo obviamente a condenação a tantos quanto professassem iguais ideias. Nesse quadro, em especial, aparece a CNBB, instituição de maior peso na Igreja Católica na América Latina.

A CNBB servia excepcionalmente aos interesses progressistas devido a seu mecanismo de funcionamento. Acerca de seus líderes, Serbin[298] afirma que seu poder de arbítrio era imenso, pois a entidade funcionava, normalmente, não como uma assembleia ou um subcomitê representativo, mas como um pequeno gabinete com presidente, secretário-geral e um pequeno número de assessores.

Esse conflito entre as instâncias hierárquicas, a instância brasileira e a universal é maquiado pela burla da instância mediadora dissidente, a CNBB, uma vez que, para a instituição *Igreja*, não poderia haver hierarquia dupla, a missão essencial da Igreja seria a evangelização e esta só poderia ser feita por meio do

> Sincero respeito pelo magistério sagrado, um respeito baseado na percepção clara de que, submetendo-se a ele, o Povo de Deus não está aceitando a palavra dos seres humanos, mas a autêntica palavra de Deus.[299]

3. Igreja universal: o Vaticano em aliança com os conservadores

Desde a década de 1950, a Igreja Católica na América Latina começou a apresentar expressões não ortodoxas, mas é na década de 1960 e começo da década de 1970 que essas expressões convergem em uma teoria geral, uma teologia, que pensa a ação cristã na sociedade e na Igreja. Essa teoria, a *Teologia da Libertação*, apresentada pela primeira vez em um documento

---

[298] SERBIN, 2001, p. 321.

[299] *Apud* YALLOP, David. *O poder e a glória*: o lado negro do Vaticano de João Paulo II. São Paulo: Planeta, 2007. p. 61.

oficial da Igreja, de maneira ainda um tanto dúbia, na Conferência Geral do Episcopado em Medellín, Colômbia, 1968, ganhou quase imediatamente reticências do Vaticano.

No bojo dessas reticências, encontra-se o documento *Evangelii Nuntiandi*, que propõe algumas primeiras críticas a algumas expressões da *Teologia da Libertação*. No entanto, de um modo geral, Paulo VI criou um ambiente de bastante liberdade para a produção teológica e diversidade eclesial.

Os liberais europeus e os libertadores aprofundaram, no sentido que lhes parecia adequado, a interpretação do Vaticano II. Toda essa ação provocou uma severa reação dos conservadores, que entendiam perder espaço para os progressistas. Eis que, no entanto, em 1978 é eleito João Paulo II, que promove virulenta reação ao que considerou como interpretações desviantes do Concílio.

Entre os principais traços "desviantes", estava o questionamento da hierarquia absoluta e, por conseguinte, da ordem universal de poder da Igreja centralizada em Roma. Em 1952, sob a liderança de Dom Hélder Câmara, surge uma das primeiras conferências nacionais de bispos, a Conferência Nacional de Bispos do Brasil.

É articulada uma nova instância entre o Vaticano e um conjunto dos bispos ligados por um traço comum, exercerem suas funções no Brasil. Isso confere um conjunto de referências de outra ordem que não estritamente uma visão estreita da diocese ou a visão generalizante da Igreja universal.

Na mesma década, em 1955, é fundado o Conselho do Episcopado Latino-Americano, em face, também, do estímulo de Dom Hélder. O Celam, primeiro órgão de reunião de bispos de um continente, foi fundado na primeira Conferência Geral do Episcopado da América Latina, ocorrida no Rio de Janeiro. Embora desse primeiro encontro somente tenha saído um documento pouco celebrado, essas conferências gerais ficariam bastante famosas, sobretudo depois de Medellín, 1968, e Puebla, 1979, sendo um exemplo para similares eventos em outros continentes e, em meu entender, um dos elementos principais do processo de forja da Igreja Católica latino-americana autônoma, processo abortado por vários fatores. Com destaque para a oposição do Vaticano e o refluxo das forças de esquerda no continente e no mundo.

Vejamos: o Concílio Vaticano II aponta algumas direções para a Igreja, e entre as principais está a colegialidade. O evento provocou um clima de liberdade e intensa produção teológica, que fora denominado *Primavera da*

Igreja. As interpretações do Concílio foram levadas a cabo pelas forças mais ativas do período, com destaque para a teologia liberal e libertadora, sem oposição sistemática do Vaticano.

No entanto, reuniam-se as forças conservadoras para sua reação. A eleição de João Paulo II, apoiada por muitos cardeais progressistas[300], foi um divisor de águas no pós-Concílio. Até então havia um favorecimento de uma interpretação progressista dos textos conciliares. João Paulo II, entretanto, interpõe a seu papado o desafio de reinterpretar o Concílio combatendo os "excessos" pós-conciliares e promovendo um "Retorno à Grande Disciplina"[301].

No plano político, João Paulo II, vindo da Polônia, país que vivia sob o jugo do *socialismo real*, intentou destruir o comunismo. Para tanto, celebrou aliança com Ronald Reagan, presidente dos Estados Unidos. Nesse acordo, compunham-se duas poderosas frentes na oposição ao comunismo e à *Teologia da Libertação*, uma vez que ambos consideravam que esta levava inexoravelmente, no formato em que estava constituída, ao comunismo.

O Vaticano iniciou sua empreitada contra a TL em 1979, na Conferência de Puebla. Na primeira viagem de João Paulo II como papa. Havia a percepção dos conservadores de que Medellín havia ido longe demais e que à Conferência de Puebla cabia rever os termos da conferência anterior. Toda a estrutura do evento foi formulada no sentido de alijar os teólogos da libertação e impedir ao máximo as discussões em plenário[302].

Os assessores dos bispos foram impedidos de participar do evento. Assim, os bispos ficaram sem seus teólogos. Estes, no entanto, foram a Puebla e lá, quase clandestinamente, reuniram-se para assessorar de fora os bispos. A comunicação era truncada, mas muitas formulações que necessitavam de um maior burilamento eram solicitadas aos teólogos e entregues aos bispos no dia seguinte, no que se contrapunham aos assessores oficiais do evento, todos ligados aos setores conservadores[303].

A organização do evento foi designada diretamente por Roma, impedindo uma discussão mais densa. Também foi negado o adiamento do evento, uma vez que era clara a tendência a uma mudança à esquerda na orientação do Celam, então conservadora, nas eleições que se avizinhavam[304].

---

[300] BERNSTEIN; POLITI, 1996, p. 199.

[301] LIBÂNIO, João Batista. **A volta à grande disciplina**. São Paulo: Loyola, 1983.

[302] BERNSTEIN; POLITI, 1996, p. 199.

[303] LIBÂNIO, 1979.

[304] *Ibidem*.

Não podemos nos esquecer, deveras, do discurso papal de abertura da Conferência. João Paulo II deu as linhas mestras da recusa à *Teologia da Libertação* praticada na América Latina, sua objeção à ênfase na práxis e ao método marxista de interpretação social. Como observou Libânio[305], o discurso de João Paulo II teve uma influência descomunal e recebeu mais referências do que todos os outros papas juntos. Toda a estrutura da Igreja institucional foi posta a serviço das posições da corrente conservadora, hegemônica no interior do Vaticano.

De fato, há uma grande movimentação, na América Latina, no sentido de afirmar uma Igreja latino-americana e, em muitos países, uma Igreja nacional. Nesse sentido se enquadra perfeitamente o Brasil. Desde 1973, com a eleição de Dom Ivo Lorscheiter para a presidência da CNBB, essa entidade passou a ter uma linha mais autônoma em face do Vaticano.

Vigorava na Igreja, desde o Concílio, o princípio da subsidiariedade, isto é, o de que toda questão na Igreja deve ser resolvida na instância primeira possível. Uma querela ocorrida no Brasil deveria ser dirimida pela CNBB, e não poderia passar uma instância acima.

Assim, vemos que a CNBB, enquanto instância da Igreja que se interpõe entre diocese e o Vaticano, em estando hegemonicamente composta pelos progressistas, torna-se um severo repto à onda disciplinarizante do Vaticano. O maior marco do mandato Dom Ivo Lorscheiter à frente da Conferência Episcopal foi a autonomia em face da Santa Sé. Nessa complexidade das relações de poder na Igreja é que subjazem os focos de resistência da política oficial.

Quando pensamos nessa complexidade das relações de poder na Igreja, lembramos que Gramsci apontou que os Aparelhos Privados de Hegemonia (APH) funcionam de modo correlato com a sociedade, há uma força hegemônica, ou um arco de forças hegemônico, que assume demandas de forças não hegemônicas trazendo-as para seu arco de apoio, enquanto outras forças, não cooptadas, são tratadas à força, fazendo-as submissas às forças dominantes. A CNBB, notadamente, nunca teve uma maioria progressista, sempre uma minoria influente. A grande maioria dos bispos era de moderados, hegemonizados pelos progressistas em função da conjuntura vivida.

No entanto, diferentemente da sociedade, os APHs não funcionam movidos somente por suas forças internas, mas compõem a correlação de

---

[305] *Ibidem*, p. 59.

forças interna e a correlação externa, isto é, da sociedade, muito embora essa correlação não seja mecânica.

A Igreja, diferentemente das realidades estudadas por Gramsci, encontra-se hoje em uma realidade mais complexa, em especial pela formatação de sua expressão universal. A Igreja é influenciada pela correlação de forças de que país? Da Itália? Ou das forças internacionais? Talvez da Polônia, no tempo específico estudado?

Ao mesmo tempo, a multi-institucionalização permite uma complexificação das relações. A constituição das instâncias continentais e nacionais abre espaço para a articulação de novas possibilidades identitárias no seio do episcopado, criando laços de articulação que se interpõem à fragmentação diocese/Vaticano.

No âmbito da diocese, a relação é entre uma região, uma cidade ou mesmo somente um conjunto de bairros, cuja liga não é centro de um núcleo identitário. Ademais, o poder do bispo em face do Vaticano é mínimo, fragmenta-se, e o poder centralizado é mais pesado. No caso das instituições como o Celam e a CNBB, há uma clara diminuição de poder do Vaticano com a união dos bispos.

No entanto, do ponto de vista hierárquico e doutrinário, o Vaticano é superior e articula sua ação no sentido de esvaziar ainda mais as instituições que, em sua posição, contestam a lógica da obediência integral a Roma. Essa articulação instrumentaliza os recursos de poder que o Vaticano possui sobre essas instituições.

No caso de Puebla, o Vaticano dispõe de sua prerrogativa de impor o processo organizativo e a data de acontecimento, no intuito de desautorizar a teologia de sustentação desses focos de resistência, a *Teologia da Libertação*. Havia a possibilidade de simplesmente não aprovar o texto destilado em Puebla ou mesmo substituí-lo por um texto de seu agrado; no entanto, como afirma Gramsci, os recursos à força não são ilimitados e a hegemonia pressupõe um acento claro no convencimento. A articulação precisa ser mais sutil do que uma proibição completa do pensamento divergente, sob pena de ruptura.

Então vemos um conjunto de ações que compõem a estratégia do Vaticano de dirimir os processos de colegialização. A *Restauração* centralizante é a resposta encontrada pelo Vaticano para os liberalizantes. Em 1983, outra prova se dá dessa estratégia. Quando vem à luz o novo Código Canônico, vê-se que ele não regulamentou as diretrizes democratizantes do Concílio.

156

Em 1980 o papa faz uma viagem por diversos países da América Latina, dando a referência doutrinal de seu papado no veemente combate à Igreja libertadora. Pouco tempo antes, em 1979, o papa recebera Dom Afonso López Trujillo, principal articulador anti-TL da América Latina. O teor do diálogo foi o pedido de Trujillo de engajamento do papa em sua luta. Pouco depois, João Paulo II rumou para Puebla, declarando, já em seu avião, que a TL não era uma verdadeira teologia, e na organização de Puebla nomeou seus aliados, no intento de direcionar o sentido do texto final[306].

Em 1981 surge o livro de Leonardo Boff *Igreja: carisma e poder*. Em respeito à subsidiariedade, caso devesse ser julgado, o livro deveria ser julgado na CNBB, uma vez que a arquidiocese não possuía comissão de doutrina. No entanto, como já dito, esta fora criada; e o livro, apreciado pelo teólogo gaúcho Urbano Zilles. A recensão por ele escrita foi assumida oficialmente pela Comissão Arquidiocesana para a Doutrina da Fé do Rio de Janeiro, e tal documento fora publicado no *Boletim da Revista do Clero* em fevereiro de 1982.

O desenrolar da polêmica contou ainda com resposta de Boff, réplica de Zilles e outro artigo de Karl Josef Romer criticando o referido livro, tudo publicado no *Boletim da Revista do Clero*. Artigo publicado na revista *Communio* por Dom Boaventura Kloppenburg, depois publicado em seu livro *Igreja popular*. Dois artigos na *Revista Eclesiástica Brasileira*, um de Leonardo Boff e outro de Carlos Palácio, além de toda uma edição da revista *Grande Sinal*.

Enfim, houve uma quantidade imensa de publicações discutindo a polêmica em torno do livro ainda na fase brasileira do processo. Todo o estardalhaço em torno do livro foi exatamente a justificativa utilizada pelo Vaticano para romper o princípio da subsidiariedade e levar o caso da instância primeira, a diocese, até a última, o Vaticano, sem passar pela CNBB.

Nesse sentido, Boff, quando emite a primeira correspondência ao Vaticano, ao saber do colóquio, pergunta:

> [...] não poderia ser feito no seio da Comissão Episcopal de Doutrina, da Conferência Nacional dos Bispos do Brasil (CNBB)? Na verdade, este organismo episcopal foi criado para atender a tais situações. De mais a mais, responderia ao princípio de subsidiariedade, tão enfatizado pelo recente Código de Direito Canônico.

---

[306] BERNSTEIN; POLITI, 1996, p. 234.

> O Presidente da Comissão Episcopal de Doutrina, Cardeal Aloísio Lorscheider, consultado a esse respeito, considerou bem fundada a petição.[307]

Um pouco mais à frente, em carta ao então ministro-geral dos Franciscanos, John Vaughn, retorna ao argumento.

> Em Brasil he podido hablar con nuestro Card. Lorscheider de Fortaleza que es también Presidente de la Comisión Nacional de Doctrina de la Conferencia de los Obispos. El piensa que esta cuestión puede ser resuelta dentro de nuestra Igreja. El diálogo puede, dentro del principio de subsidiaridad, ocurrir en Brasil.[308]

No texto *Pontos referenciais para o colóquio sobre o livro Igreja: carisma e poder, com as instâncias doutrinais da Igreja,* enviado aos cardeais brasileiros Aloísio Lorscheider, Paulo Evaristo Arns, Brandão Vilela e ao então presidente da CNBB, Ivo Lorscheiter, Boff novamente pontua que seu pedido é que o julgamento se dê no âmbito da CNBB.

Não obstante, o próprio presidente da CNBB afirma, em carta, que escrevera a Ratzinger solicitando a transferência do colóquio para a CNBB. Demanda essa que fora respondida diretamente para Leonardo Boff por Ratzinger:

> [...] dada la fase actual en el examen del libro en cuestión, el coloquio tiene que ser en esta sede. La difusión del mismo fuera de Brasil que ha creado un problema más universal y el hecho de que usted mismo, al verse criticado por la Comisión Doctrinal Archidiocesana de Rio, escribiera a este Dicasterio, nos movieron a examinarlo y ahora conforme a las decisiones tomadas en base a la Ratio agendi no se ve posibilidad de un coloquio con la Comisión doctrinal de la Conferencia Episcopal de Brasil. De este punto ha sido informado el Cardenal Lorscheider.[309]

Leonardo Boff torna a escrever a Ratzinger, lembrando suas próprias palavras em defesa da tese de que nem tudo deve ir à instância superior, mas somente aquilo que não se pôde dirimir na instância primeira.

De fato, não nos cabe julgar a intencionalidade do esquivamento do princípio da subsidiariedade, mas reconhecer o ocorrido e o papel que cum-

---

[307] *Apud* MNDH, 1985, p. 56.

[308] *Apud ibidem*, p. 49.

[309] *Apud ibidem*, p. 64.

pre na história da *Teologia* e do *Cristianismo de Libertação* e do catolicismo no Brasil. Como visto nas transcrições, houve um grande esforço para que a questão fosse analisada no âmbito da CNBB. Também essa estratégia aponta no sentido de fugir ao julgamento romano, cujos marcos de referência seriam, inevitavelmente, os parâmetros restauracionistas do papado de João Paulo II.

Como já dito, opera-se no papado de João Paulo II uma releitura do Vaticano II. O intento do papado é fazer hegemônica essa nova leitura do Concílio, que em tudo aponta na comunhão com o catolicismo tridentino. No entanto, não basta propor nova interpretação, paralela a outras interpretações progressistas outrora hegemônicas; é preciso condenar as interpretações adversas e cavar firmemente as trincheiras da ortodoxia.

De fato, o livro *Igreja: carisma e poder* é um verdadeiro compêndio das mais progressistas interpretações do Concílio no que tange à eclesialidade, isto é, no que reflete sobre a estrutura da Igreja e no que tange à produção teológica. Nesse sentido, compõe também um verdadeiro compêndio metateológico.

Boff e seus aliados então tentam, de certa forma, burlar essa nova ortodoxia, estabelecendo uma tendência mediadora (do ponto de vista hierárquico), a CNBB, cuja comissão de doutrina é fundamentalmente afinada com a *Teologia da Libertação*.

O Vaticano, no entanto, fazia paralelamente uma tentativa que posteriormente se viu frustrada em face do teólogo Gustavo Gutiérrez. Dentro da estratégia de combate à *Teologia da Libertação*, a primeira tarefa foi sufocar os libertadores em Puebla, tarefa só alcançada em parte, uma vez que o documento afinal apresentou grande dubiedade, e não um claro conservadorismo, como se pretendia.

Dentro da lógica da política papal de combate às teologias divergentes, entre as primeiras ações estava a abertura de processos doutrinários contra teólogos ícones desses movimentos. A *Teologia da Libertação* possuía dois ícones, o primeiro, considerado como fundador, é o peruano Gustavo Gutiérrez. Concomitantemente ao processamento de Leonardo Boff, deu-se a tentativa de condenação de Gutiérrez. No entanto, essa tentativa se deu respeitando o princípio da subsidiariedade, isto é, no âmbito da Conferência dos Bispos do Peru, e frustrou-se na "absolvição" do teólogo. Com Boff, o outro ícone da TL, não se concedeu igual direito, o processo não passou pela Conferência dos Bispos do Brasil, mas foi ao fórum onde a hegemonia conservadora vigorava: o Vaticano.

Assim, o fato é que a fase arquidiocesana do processo cumpriu o papel de alçar o debate em torno do livro a um patamar que serviu de justificativa para que o Vaticano interviesse no debate sem passar pela CNBB.

Aproveita-se do fato de que a subsidiariedade é um princípio, e não uma regra normatizada para utilizá-la conforme os interesses o permitem.

Nesse bojo, está submersa a contradição entre os agentes da Igreja Católica no Brasil e em Roma. A contradição estabelece-se entre os que entendem que "a" Igreja é a Igreja de Roma, que estende o caráter católico a todas aquelas igrejas locais que se postam em sua consonância; e aqueles que entendem que cada igreja local é "a" Igreja, que se une a Roma em comunhão, e não em servidão. E, embora esse tema não apareça claramente na polêmica em torno do livro *Igreja: carisma e poder*, há um debate que o margeia e que parece estar um nível acima daquele, que é o da "Igreja de Cristo".

Historicamente, a Igreja Católica sempre se afirmou como "a Igreja de Cristo", a única Igreja, valorizando o elemento identitário entre a divindade e a instituição na Terra. Depois da Reforma Protestante, houve um primeiro momento de negação de qualquer valor eclesial das demais denominações que não a católica. Mais recentemente, e especialmente por ocasião do Concílio Vaticano II, evento católico que reuniu os bispos de todo o mundo entre 1962-65, elevou-se o debate sobre a presença e natureza dessas demais denominações.

O documento preparatório do Concílio afirmava que "a Igreja Católica é (*est*) a Igreja de Cristo", o que foi mudado no documento final por "a Igreja de Cristo subsiste na (*subsistit in*) Igreja Católica". Tendo em vista que, no imediato pós-Concílio, em que os ventos progressistas eram francamente largos na Igreja Católica em todo o mundo, havia uma inteligência liberalizante sobre o texto conciliar, e a interpretação do trecho em questão não foge à regra.

Na Europa predominantemente liberal e na América Latina mais propriamente libertadora, as correntes progressistas coincidiam na leitura do *subsistit in* em acordo com a aceitação da pluralidade eclesial, no sentido de que a Igreja de Cristo subsiste na Igreja Católica (de forma mais perfeita, em toda sua expressão), mas não somente nela, subsistindo também no mundo protestante, que também constituiria Igrejas.

A cruzada contra as leituras chamadas "desviantes" do Concílio Vaticano II deu-se, sobretudo, naquilo que levava a um compromisso com a libertação dos pobres (*Teologia da Libertação*) e o que levava ao pluralismo religioso com a afirmação da plena eclesialidade protestante. O termo *subsistit in* é tomado por Ratzinger como sinônimo de *est*, cuja troca, segundo ele, é motivada pela amenidade do novo termo, e não por uma diferença em seu significado. Isto é, para ele, as organizações protestantes têm apenas elementos eclesiais e formam comunidades eclesiais, mas não igrejas.

Esse fora um dos principais pontos condenados pelo Vaticano, na fase romana do processo contra Leonardo Boff. Especialmente na questão da identidade não única da Igreja Católica para com a Igreja de Cristo, chave do pluralismo religioso e que é considerada como matriz dos relativismos religiosos por Ratzinger.

Dez anos depois da condenação, em 1994, e já fora da Ordem Franciscana, Boff escreve uma refutação da condenação, publicada em nova edição do polêmico livro em que aponta citações erradas, trechos inventados e um pastiche (ajuntamento de trechos de vários artigos de modo a deformar seu significado), e classifica a maioria dos apontamentos como problemas de leitura ou irrelevantes, detendo-se, no entanto, na que considera como única questão verdadeiramente doutrinal da condenação, que é a questão da singularidade ou multiplicidade da subsistência da Igreja de Cristo.

Em 2000, o Vaticano publicou o documento *Dominus Jesus*, no qual reafirmou a posição de Ratzinger (ele o redigiu) e congratulou Boff com uma nota, como exemplo de erro. Em seguida, com um artigo denominado "Quem subverte o Vaticano II, Ratzinger ou Leonardo Boff", o teólogo brasileiro reafirma sua posição.

Recentemente, Boff foi novamente dignado com uma nota como mau exemplo na *Respostas a algumas perguntas sobre certos aspectos da doutrina sobre a Igreja* apresentada no dia 10/07/2007 pelo Vaticano.

Aliás, no campo do ecumenismo, podemos afirmar que o histórico de Ratzinger é pródigo. Ele acreditou, desde o fim dos anos 60, que o pluralismo era uma ameaça à Igreja[310], e noutra oportunidade sabotou a discussão entre teólogos católicos e episcopais a ponto de estes cancelarem as discussões alegando que precisavam "de mais tempo para pensar antes de correr o risco de termos um Cardeal Joseph Ratzinger agindo em nosso meio"[311]. O próprio biógrafo "oficial" de Ratzinger, Andrea Tornielli, afirma que o Bento XVI papa era considerado "congelante" nos círculos ecumênicos[312].

---

[310] LERNOUX, 1992, p. 21

[311] *Apud ibidem*, p. 98.

[312] TORNIELLI, 2007, p. 101.

Para alcançar a Igreja reduzida e firme em que acredita, Ratzinger, transformado como papa em Bento XVI, investiu na diferenciação com as demais igrejas cristãs. Na reforma administrativa que fez no Vaticano, rebaixou o status do Pontifício Conselho para o Diálogo Inter-religioso, englobando-o no Conselho para a Cultura, o que corresponde a declarar a questão ecumênica como um tema que não participa da agenda prioritária do papa.

Bento XVI também reativou a Missa em latim, criando sério atrito com o mundo judaico, pois tal rito contém uma oração pela conversão dos judeus, além, evidentemente, de deixar perplexos os progressistas e moderados que não veem mais sentido em uma Missa em que o padre celebra de costas para o povo e em uma língua morta, a despeito da reforma litúrgica empreendida no Concílio Vaticano II[313].

Afastou também os anglicanos, com a publicação de uma normativa para sua conversão, iniciativa que Küng denominou de "tragédia". Essa ofensa aos anglicanos foi posteriormente revidada, quando a então autoridade máxima da igreja inglesa, Rowan Williams[314], afirmou que a Igreja Católica na Irlanda não tem mais nenhuma credibilidade devido à cumplicidade com os escândalos de abuso sexual contra crianças.

Não obstante, Bento XVI criou grave atrito com o mundo islâmico desde a desastrada citação do imperador bizantino Manoel Paleólogo II, que ofendia os muçulmanos. Não se tratou de um ato isolado ou mal planejado, o Ratzinger elegeu o combate ao islamismo como um dos principais motes de seu papado. Em seu brasão já anuncia tal desejo ao adotar a capa beneditina, fazendo menção direta (conforme própria explicação do Vaticano sobre o brasão) à resistência católica em face dos muçulmanos durante a Idade Média.

Mas não é possível, por outro lado, desconhecer que Bento XVI é artífice também de um grande número de diálogos com lideranças religiosas diversas, incluindo muçulmanos, judeus e especialmente ortodoxos, incluindo, recentemente, o patriarca de todas as Rússias. Contudo, Ratzinger ergue-se para o diálogo fincado numa posição sectária de que só a Igreja Católica detém a verdade e tudo o mais é erro. De tal forma que podemos classificar tais encontros como meramente protocolares.

---

[313] VATICANO apresenta documento que facilita missa em latim. *Folha Online*, [s. l.], 2007. Disponível em: www1.folha.uol.com.br/folha/especial/2007/visitadopapaaobrasil.shtml. Acesso em: 7 jul. 2007.

[314] CASTLE, Tim. Líder anglicano diz que Igreja irlandesa perdeu credibilidade. *O Estado de S. Paulo*, [s. l.], 2010. Disponível em: http://www.estadao.com.br/noticias/internacional,lider-anglicano-diz-que-igreja-irlandesa-perdeu-credibilidade,533181,0.htm. Acesso em: 3 abr. 2010.

É preciso compreender que os textos, a tradição, não têm uma aura *per se* verdadeira, universal, mas que é lida, reconstruída, em conformidade com os interesses sociais hegemônicos. O texto conciliar é um só, mas sua interpretação é subordinada à correlação de forças que se movimentam no interior da Igreja Católica. Os grupos em luta pautam a inteligibilidade do catolicismo, refazendo, remoldando, ressignificando o mesmo texto dia após dia de acordo com sua dinâmica interna em diálogo constante com a realidade que o envolve.

De toda sorte, não se trata, o debate da "Igreja de Cristo", do mesmo debate entre Kasper e Ratzinger, já discutido, mas eles se relacionam de modo intenso, que tem a ver com a legitimidade do papa para comandar toda a Igreja de Cristo, que, caso negada, abre espaço para a consolidação da ideia de Igreja "do" Brasil, e não da Igreja "no" Brasil.

Voltando especificamente à aliança do Vaticano com as correntes conservadoras da Igreja na América Latina, observe-se um fato extremamente interessante, a nomeação de bispos. Esta constituiu uma das principais táticas para o enfraquecimento da dissidência. Os padres indicados para nomeação para bispo normalmente passavam pelo Núncio Episcopal e pela CNBB. João Paulo II preferiu um novo trânsito para os nomes dos "bispáveis", a indicação era dos bispos conservadores diretamente para o Núncio e deste para o Vaticano, alijando a CNBB, instância dissidente e postulante da posição de autonomia em face do Vaticano, do processo de escolha dos novos governantes da Igreja.

A escolha dos novos bispos está ligada ao governo da Igreja, isto é, ao controle dos processos que aconteciam nas dioceses. Os bispos têm poder absoluto em sua diocese; em sua "jurisdição" se torna muito difícil o florescimento ou mesmo a manutenção de um movimento contra a vontade do bispo. Nesse sentido é que assistimos, por exemplo, a todo o trabalho de Dom Hélder Câmara ser destruído por seu sucessor e também ao processo de recentralização política realizado na Arquidiocese de São Paulo por Dom Cláudio Hummes, sucessor de Dom Paulo Evaristo Arns.

4. Neoconservadores, ou quase isso!

No fim dos anos 70 e começo dos anos 80, o movimento político dominante nos EUA foi o Neoconservadorismo de Ronald Reagan. Como é já sabido, esse presidente dos Estados Unidos celebrou um acordo secreto com João Paulo II no intuito de combaterem juntos o avanço do comunismo[315].

---

[315] ROLIM, 1989, p. 272; YALLOP, 2007, p. 205; DUSSEL, 1997, p. 96; BERNSTEIN; POLITI, 1996, p. 326.

O acordo previa que ambas as instituições colaborariam com o que tinham. Os EUA, além de atuar de várias formas nos locais que consideravam críticos, tais como com iniciativas belicosas, pressão política e pressão econômica, fornecia também um imenso conjunto de informações para a Igreja Católica. Esta, por sua vez, atuava com a pressão política e simbólica sobre os regimes comunistas. Também compartilhava informações e atuava decisivamente contra a *Teologia da Libertação*, além de legitimar ações "questionáveis" dos EUA.

Para Lernoux[316], a situação em diversos pontos da América Latina era dramática para as forças de direita, uma vez que havia um comprometimento orgânico do povo com a esquerda, comprometimento que não nascia de uma bandeira popular, mas de uma fé sustentada na prática do *Cristianismo de Libertação*, contra a qual a repressão política e física era pouco eficaz. O centro do capitalismo buscou então o apoio do centro institucional da fé católica para demolir a resistência católica à sua política no continente, basicamente fundada nas ditaduras militares, cuja ideologia básica era a de segurança nacional no plano interno e de associação econômica e política com os Estados Unidos no plano externo.

Um exemplo desse processo foi a situação da América Central, onde os movimentos revolucionários, em geral, estavam fortes e em alguns lugares tinham suas fileiras engrossadas pelos fiéis católicos. Especial era ainda a situação da Nicarágua, onde vigorava um regime revolucionário socialista, no qual muitos membros da Igreja Católica participavam organicamente.

Os EUA financiavam as guerrilhas de direita, os Contras, mercenários que realizaram um verdadeiro genocídio na região. Parte do acordo com o Vaticano era o apoio a essa política de intervenção, rejeitada pelo clero local dos EUA, mas endossada pela Santa Sé por interesses estratégicos mais amplos.

Em 1983, na América Central, estivera o próprio papa utilizando seu poder simbólico para contrapor a revolução à própria Igreja e, por conseguinte, opor a revolução a Deus, como nos conta Yallop:

> [...] o papa deixou Roma e voou para o grande caos centro-americano. A viagem demonstraria que, nessa área pelo menos, havia uma perfeita identidade. Enquanto o presidente [dos EUA, Ronald Reagan] via soviéticos atrás de cada árvore, pedra e arbusto latino-americano, o papa via teólogos da libertação.[317]

---

[316] LERNOUX, 1992, p. 19; 103.
[317] YALLOP, 2007, p. 205.

Nesse contexto, ao chegar à Nicarágua, o papa foi recepcionado por parte do clero local. Entre eles estava Ernesto Cardenal, que participava do governo revolucionário como ministro da Cultura. Ajoelhado diante do papa, Cardenal, em vez do cumprimento do pontífice, assistiu a este lhe apontar o dedo, que agitava constantemente, ao que dizia com rudeza "Regularize sua posição dentro da Igreja"[318], humilhando publicamente Cardenal perante os presentes e todo o mundo, uma vez que a foto do acontecimento se tornou uma das mais célebres de todo o globo.

João Paulo II, homem extremamente consciente do papel das mídias na construção das mentalidades e das significações[319], realiza um gesto extremamente violento, simbolicamente, no que posiciona com clareza a Igreja-instituição na conjuntura centro-americana. Essa unidade na ação com os EUA, contudo, não se restringe à esfera do Vaticano, mas opera com os conservadores latino-americanos, permeando o discurso anti-TL.

Em 1980, os especialistas republicanos dos EUA, reunidos em Santa Fé, cidade estadunidense, realizaram um diagnóstico da América Latina e um prognóstico para a relação de seu país com o continente para os próximos anos. O documento final, denominado *Santa Fé*, afirma:

> A política exterior dos E.U. deve começar por combater (e não simplesmente por reagir a posteriormente contra) a teologia da libertação tal qual é utilizada na América Latina pelo clero da teologia da libertação [...]. Na América Latina, o papel da Igreja é vital para o conceito de liberdade política. Infelizmente, as forças marxistas-leninistas têm utilizado a Igreja como arma política contra a propriedade privada e o sistema capitalista de produção, infiltrando na comunidade religiosa idéias mais comunistas do que cristãs.[320]

Afirma também, o mesmo documento, que esse caminho leva inevitavelmente a um reino da opressão e da falta da liberdade, o que já se estaria construindo em Cuba e Nicarágua.

---

[318] *Apud ibidem*, p. 206.

[319] Conta-se que, quando eleito presidente da Polônia, Lech Wałęsa fez sua primeira viagem ao Vaticano e que se deitou no chão e beijou os pés do papa, num gesto de reverência e submissão integral. Após o ato, João Paulo II olhou para o fotógrafo que enrolava o filme e que acenou para o papa afirmando que a máquina havia enguiçado e não conseguira registrar o momento. João Paulo II esperou que o fotógrafo resolvesse o problema e então pediu a Lech "Faça de novo!"

[320] *Apud* ROLIM, 1989, p. 272.

Rolim[321], ao analisar os discursos pró e contra TL nos jornais seculares entre 1980 e 1986, considera que os discursos dos membros do clero que combatem a *Teologia da Libertação* em tudo se assemelham ao discurso dos Estados Unidos sobre ela, a ponto de afirmar que "A evidência dessa semelhança é de tal ordem que não permite a ilusão de uma pura coincidência".

Para o autor, há duas linhas centrais que se tornam os fios condutores de todos os discursos dos anti-TL. A primeira é a tese de que o marxismo é incompatível com a fé cristã, por seu caráter ateu e materialista. A segunda é a tese de que toda revolução socialista deve ser, necessariamente, repressora das liberdades civis; nesse tópico, os alertas acerca de uma sovietização da América Latina são constantes.

O documento *Instrução sobre alguns aspectos da Teologia da Libertação*, publicado quatro dias antes da inquisição de Boff, começa afirmando que não é um documento sobre a importância da libertação e liberdade cristã, que isso será feito em chave positiva em outro documento, que sua função é chamar atenção para os desvios que a luta pela libertação ganha naquele contexto; em suas palavras:

> [...] a aspiração pela justiça encontra-se muitas vezes prisioneira de ideologias que ocultam ou pervertem o seu sentido, propondo à luta dos povos para a sua libertação objetivos que se opõem à verdadeira finalidade da vida humana e pregando meios de ação que implicam o recurso sistemático à violência, contrários a uma ética que respeite as pessoas.[322]

Há uma insistente repetição de que a *Teologia da Libertação* é um rótulo sob o qual se produzem muitas teologias da libertação, cada uma com um contorno teológico distinto, e que as recomendações e críticas aqui presentes são direcionadas para teologias da libertação que se distanciam da fé e da Igreja, sem citar especificamente nenhum autor ou obra.

Ao mesmo tempo que promove um poderoso golpe na TL, o documento também afirma alguns de seus pressupostos:

> O escândalo das gritantes desigualdades entre ricos e pobres – quer se trate de desigualdades entre países ricos e países pobres, ou de desigualdades entre camadas sociais dentro de um mesmo território nacional – já não é tolerado. De um lado, atingiu-se uma abundância jamais vista até agora, que

---

[321] *Ibidem*, p. 272.

[322] SANTA SÉ. *Instrução sobre alguns aspectos da Teologia da Libertação*. Vaticano: Santa Sé, 1985. s/p.

> favorece o desperdício; e, de outro lado, vive-se ainda numa situação de indigência, marcada pela privação dos bens de primeira necessidade, de modo que já não se conta mais o número das vítimas da subnutrição.
>
> [...]
>
> No Antigo Testamento, os profetas, desde Amós, não cessam de recordar, com particular vigor, as exigências da justiça e da solidariedade e de formular um juízo extremamente severo sobre os ricos que oprimem o pobre. Tomam a defesa da viúva e do órfão. Proferem ameaças contra os poderosos: a acumulação de iniquidade acarretará necessariamente terríveis castigos. Isto porque não se concebe a fidelidade à Aliança sem a prática da justiça. A justiça em relação a Deus e a justiça em relação aos homens são inseparáveis. Deus é o defensor e o libertador do pobre.

A *Instrução* atua ambiguamente, por um lado criticando "algumas teologias da libertação" e por outro afirmando algumas bases da TL, na medida em que vê também uma extrema iniquidade na situação social e o laço biblicamente fundado com a defesa do pobre, e afirmando que há teologias da libertação perfeitamente em concordância com o Igreja. Esse é o flanco em que ele serve de instrumento aos conservadores, mas permite uma leitura libertadora de seu conteúdo.

> 1. A impaciência e o desejo de ser eficazes levaram alguns cristãos, perdida a confiança em qualquer outro método, a voltarem-se para aquilo que chamam de "análise marxista".
>
> 2. Seu raciocínio é o seguinte: uma situação intolerável e explosiva exige uma ação eficaz que não pode mais ser adiada. Uma ação eficaz supõe uma análise científica das causas estruturais da miséria. Ora, o marxismo aperfeiçoou um instrumental para semelhante análise. Bastará, pois, aplicá-lo à situação do Terceiro Mundo e, especialmente, à situação da América Latina.
>
> 3. Que o conhecimento científico da situação e dos possíveis caminhos de transformação social seja o pressuposto de uma ação capaz de levar aos objetivos prefixados, é evidente. Vai nisto um sinal de seriedade no compromisso.
>
> 4. O termo "científico", porém, exerce uma fascinação quase mítica; nem tudo o que ostenta a etiqueta de científico o é

necessariamente. Por isso, tomar emprestado um método de abordagem da realidade é algo que deve ser precedido de um exame crítico de natureza epistemológica. Ora, este prévio exame crítico falta a várias "teologias da libertação".

[...]

No caso do marxismo, tal como se pretende utilizar na conjuntura de que falamos, tanto mais se impõe a crítica prévia, quanto o pensamento de Marx constitui uma concepção totalizante do mundo, na qual numerosos dados de observação e de análise descritiva são integrados numa estrutura filosófico-ideológica, que determina a significação e a importância relativa que se lhes atribui. Os a priori ideológicos são pressupostos para a leitura da realidade social. Assim, a dissociação dos elementos heterogêneos que compõem este amálgama epistemologicamente híbrido torna-se impossível, de modo que, acreditando aceitar somente o que se apresenta como análise, se é forçado a aceitar, ao mesmo tempo, a ideologia. Por isso, não é raro que sejam os aspectos ideológicos que predominem nos empréstimos que diversos "teólogos da libertação" pedem aos autores marxistas.

Quando se assumem estas teses de origem marxista é, em particular, a própria natureza da ética que é radicalmente questionada. De fato, o caráter transcendente da distinção entre o bem e o mal, princípio da moralidade, encontram-se implicitamente negado na ótica da luta de classes.

As citações anteriormente elencadas estão em perfeita harmonia com a primeira das linhas-mestras que Rolim afirma orientar o discurso dos conservadores na imprensa brasileira, a tese da incompatibilidade epistemológica entre fé cristã e análise marxista da realidade. Também constitui uma primeira linha-mestra que se vê nos documentos dos Estados Unidos sobre a *Teologia da Libertação*, que se pode ler, entre outros, nos documentos *Santa Fé, Santa Fé II, Relatório Rockfeller*, assim como nos documentos da CIA da época e registrados em várias publicações.

Quanto à segunda linha discursiva, suas bases estão densamente presentes nas citações a seguir:

Mas as "teologias da libertação", que têm o mérito de haver revalorizado os grandes textos dos profetas e do Evangelho acerca da defesa dos pobres, passam a fazer um amálgama pernicioso entre o pobre da Escritura e o proletariado de

Marx. Perverte-se, deste modo, o sentido cristão do pobre e o combate pelos direitos dos pobres transforma-se em combate de classes na perspectiva ideológica da luta de classes. A Igreja dos pobres significa, então, Igreja classista, que tomou consciência das necessidades da luta revolucionária como etapa para a libertação e que celebra esta libertação na sua liturgia.

[...]

A derrubada, por meio da violência revolucionária, de estruturas geradoras de injustiças, não é, pois, ipso facto o começo da instauração de um regime justo. Um fato marcante de nossa época deve ocupar a reflexão de todos aqueles que desejam sinceramente a verdadeira libertação dos seus irmãos. Milhões de nossos contemporâneos aspiram legitimamente a reencontrar as liberdades fundamentais de que estão privados por regimes totalitários e ateus, que tomaram o poder por caminhos revolucionários e violentos, exatamente em nome da libertação do povo. Não se pode desconhecer esta vergonha de nosso tempo: pretendendo proporcionar-lhes liberdade, mantêm-se nações inteiras em condições de escravidão indignas do homem. Aqueles que, talvez por inconsciência, se tornam cúmplices de semelhantes escravidões, traem os pobres que eles quereriam servir.

Lê-se claramente nos parágrafos anteriores uma defesa da inexorabilidade de que a militância do *Cristianismo de Libertação*, com base na luta de classes, leva a um regime totalitário, ateu e inimigo da Igreja.

A priori, essa pauta nada parece querer dizer sobre nosso objeto, uma vez que o debate em questão não se enquadra nos termos em que o debate é feito concomitantemente na imprensa secular sobre a *Teologia da Libertação*. Mas é justamente a essa disparidade que queremos chamar atenção. Diz Zilles na recensão, sobre Leonardo Boff,

[...] que o método de desmascaramento e desmistificação de tudo é semelhante ao de Nietzsche, Freud e Marx. Aliás, neste sentido, no capítulo VIII é sintomática a análise sociológica gramsciana da religião (não teológica). Assemelha-se em muito ao discutido teólogo H. Küng.[323]

Note-se que a questão do marxismo aparece diluída numa outra questão, na atitude fundamental da dúvida, e não no sentido estrito de seu

---

[323] *Apud* MNDH, 1985, p. 14.

materialismo e ateísmo, que levam a uma suposta incompatibilidade com a fé cristã. Ademais, essa é a única referência a essa questão em toda a polêmica no Rio de Janeiro.

Entre os argumentos postos na fase romana do processo, vamos encontrar uma crítica à utilização do arcabouço marxista (Bourdieu) para uma análise sociológica da produção e distribuição dos bens sagrados no interior da Igreja. Esse debate incide mais na visão que se opera sobre a instituição da Igreja e as possibilidades de suas interpretações; Boff pensando que os instrumentos sociológicos lhe são cabíveis, e o Vaticano obstaculizando qualquer análise das ciências meramente humanas sobre o Corpo Místico de Cristo.

De certa forma, nesse ponto, a Santa Sé, no procedimento contra Boff, mantém a linha argumentativa da CADF-RJ, contudo a *Instrução* do Vaticano, como visto, sustenta-se nos eixos discursivos da argumentação anti-TL da política estadunidense.

A linha argumentativa da polêmica em torno de Leonardo Boff assume uma postura mais tradicionalista, de cunho mais doutrinário e voltada quase que exclusivamente para a Igreja e sua autoconsciência, e não sua presença do mundo.

Entendemos que, devido à sua linha mais voltada para as questões internas, produzindo uma verdadeira metateologia, Leonardo Boff não representava tão somente o movimento real do *Cristianismo da Libertação* em favor da transformação sócio-histórica, mas situava sua presença pública largamente no contexto da renovação da Igreja. Boff faz-se centro gravitacional das forças transformadoras não só da sociedade, mas do momento de transformação da Igreja, que, caso se transformasse no sentido desejado pelo teólogo, em tese, seria toda ela dedicada aos pobres e cujo fazer teológico seria desimpedido dos condicionamentos impostos pelo acordo tácito da Igreja Católica com as classes dominantes.

Isso não quer dizer que o *caso Boff* esteja dissociado do avanço neoconservador na América Latina, mas que a Igreja se precavia contra a principal das transformações que repelia, a sua própria, e que para fazê-lo não se servia do discurso comum composto com as forças aliadas dos Estados Unidos, mas possuía um repertório próprio, milenar, de defesa das instituições sagradas. Do ponto de vista do conjunto de ações que a Igreja empreendia contra o *Cristianismo de Libertação*, todas as formas práticas e discursivas eram utilizadas no propósito de fortalecer a instituição católica contra a ameaça libertadora e também de fortalecer as formas políticas que se opunham ao projeto do *Cristianismo de Libertação*.

Também nos remete à tese defendida de que o ataque a Boff foi uma tarefa de impedimento da constituição de uma Igreja **do** Brasil, em benefício da normalização da Igreja Católica Apostólica Romana **no** Brasil, na medida em que o grande problema de sua obra foi justamente a contundente crítica às estruturas de poder da Igreja e que as consequências de sua condenação "foram sentidas não só por Leonardo Boff, mas por toda a Igreja da América Latina"[324].

---

[324] SYDOW; FERRI, 1999, p. 311.

CONSIDERAÇÕES FINAIS

No decurso do trabalho, demonstrei o desenrolar da polêmica em torno do livro *Igreja: carisma e poder* na Arquidiocese do Rio de Janeiro e seu papel em face do que viria a seguir o processamento de Leonardo Boff no Vaticano. Outrossim, na mais alta instância católica, trouxe à tona o percurso e a significação da inquisição de Boff.

Desde o Vaticano II, o princípio da subsidiariedade estava em vigor. Em tese, à luz desse princípio, qualquer teólogo que fosse processado, a não ser que exercesse sua profissão na Itália, ou que seu país não possuísse uma Conferência Episcopal, deveria responder por sua conduta na instância local. No caso de Boff, haja vista que sua diocese não possuía uma comissão de doutrina, deveria ser processado no âmbito da CNBB, cuja Comissão de Doutrina tinha uma maioria de teólogos de tendência libertadora.

Surge então, após a publicação do polêmico livro de Boff, a Comissão Arquidiocesana para a Doutrina da Fé do Rio de Janeiro, cujo primeiro objeto de análise foi *Igreja: carisma e poder*. Com resposta, réplica e tréplica, além de diversos artigos de outros intelectuais, a polêmica tomou contornos expressivos.

Essa polêmica serviu como justificativa para que o Vaticano assumisse a questão sem que ela passasse pela CNBB. A Santa Sé, diante dos apelos para que a questão fosse dirimida na instância nacional, respondera que o teólogo Leonardo Boff, bem como a polêmica em torno de sua obra, atravessara as fronteiras nacionais e exigia um pronunciamento da Igreja universal.

Embora a subsidiariedade seja um princípio, e não uma regra institucional, e que, por conseguinte, poderia ser simplesmente ignorada, é preciso compreender que o Vaticano possui uma hegemonia sobre as Igrejas Nacionais que deve ser continuamente reiterada; é preciso cuidado em violar os mecanismos de relação no sentido de evitar o confronto direto e a ruptura.

Outra justificativa para que a questão fosse alçada à escala universal foi a carta-informação de Boff enviada ao Vaticano, em que ele anexava seu "Esclarecimento" à recensão da CADF-RJ para, segundo a carta, que não chegasse uma só versão do livro ao Vaticano.

De toda forma, a polêmica no Rio de Janeiro criou as justificativas que deram alguma plausibilidade à violação da subsidiariedade por parte de Roma e permitiu a exclusão da CNBB do processo de julgamento de Leonardo Boff, instância na qual residiam suas mais fortes chances de absolvição.

No Vaticano, Leonardo Boff foi posto na cadeira de Galileu Galilei para que, na verdade, as práticas eclesiais da Igreja brasileira fossem julgadas. O papel do processo/condenação não era o de punir um indivíduo que "errou", mas criar a percepção errática sobre um determinado pensamento, o libertador.

O processo contra Boff foi o mais importante entre as várias iniciativas, tais como a *Instrução sobre alguns aspectos da Teologia da Libertação* e a reorientação de seminários e universidades católicas, cujo objetivo era criminalizar o pensamento libertador, retirar-lhe a chancela de pensamento ortodoxo, isto é, em conformidade com o ensinamento da Igreja.

A polêmica estudada, em seu conjunto, é um marco na relação entre o Vaticano e a Igreja do Brasil, uma vez que as principais autoridades da Igreja do Brasil saíram em defesa de Boff. Além disso, a teologia de Leonardo Boff, isto é, a *Teologia da Libertação*, era institucionalmente assumida pela CNBB.

Também é importante lembrar que a participação da Arquidiocese do Rio de Janeiro no episódio, criando as condições para a condenação de Boff no Rio de Janeiro, foi uma afirmação marcante da divisão da Igreja **no** Brasil e da Igreja **do** Brasil, em que esta acentua a Igreja local; enquanto aquela, a obediência plena ao Vaticano.

Ademais, é preciso notar, como concordaram Ralph Della Cava e Montero, Michel Löwy e Enrique Dussel: o processo contra Leonardo Boff foi um duro golpe na Igreja do Brasil e um dos mais contundentes ataques à TL realizados nos anos 1980 no intuito de admoestar os libertadores, fechar-lhes espaços de debate e advertir os que flertavam com essa corrente.

Evidentemente não como resultado unicamente da polêmica em questão, mas do conjunto de políticas do Vaticano, em parceria com os setores conservadores locais, o *Cristianismo de Libertação* entrou em declínio até a perda da CNBB para os conservadores e a cessão de sua posição de elemento dinâmico do catolicismo para a Renovação Carismática Católica nos anos 1990.

Os progressistas, que eram hegemônicos na Igreja do Brasil, primeiramente dispondo de uma relativa simpatia do Vaticano, sob o papado de Paulo VI, contavam com o apoio da maioria dos bispos, de orientação moderada, que tende a transitar desde apoio aos radicais até aos mais conservadores, dependendo do conjunto das conveniências momentâneas de cada aliança.

Os conservadores, em geral, contavam com simpatia das forças políticas reacionárias, especialmente com os setores das Forças Armadas do Brasil, que lideravam a ditadura militar então vigente. Essa ditadura reconhecia os setores progressistas da Igreja Católica como seus principais adversários e empreendeu uma ação bastante contundente de perseguição política a militantes desses setores, que ia desde a prisão, tortura, desmoralização pública, até ações internacionais para o enfraquecimento de suas lideranças, vide a indicação de Dom Hélder Câmara para o Prêmio Nobel da Paz, cuja concretização foi abortada pela articulação da ditadura, apoiada pelo Vaticano.

Em 1978, além das pressões internas pela normalização da Igreja Católica do Brasil, o Vaticano também começou a trabalhar em igual sentido. Com a eleição de Karol Wojtyla como papa, estabeleceu-se o combate à *Teologia da Libertação* como um dos principais objetivos da Igreja em Roma.

O Vaticano começou a operar em diversos níveis para combater as tendências dissonantes da Igreja. No Brasil, especialmente a *Teologia* e o *Cristianismo de Libertação*. Os níveis mais evidentes são: no governo da Igreja, com o estabelecimento de uma nova metodologia de alocação dos bispos, privilegiando a alocação destes em dioceses de maior destaque e influência; no controle dos "Representantes de Deus", com uma nova política de nomeação dos bispos, alijando os setores progressistas desse processo em benefício dos conservadores e estabelecendo formalmente a política de que só pode ser bispo aquele que nunca, em ocasião alguma, manifestou discordância com nenhuma posição do Vaticano, e, por fim, com o controle das ideias. Estratégia manifestada contundentemente com a intervenção nos seminários, faculdades de teologia, realinhando esses organismos para uma orientação mais conservadora. Também nesse quesito reside a restrição a teólogos dissonantes, cujo caso mais célebre é objeto deste livro.

No entanto, a principal forma de articulação do Vaticano no processo de normalização das Igrejas nacionais que o preocupavam foi com o fortalecimento de seus setores mais conservadores, endossando suas posições, prestigiando seus líderes e, por outro lado, afastando, humilhando e condenando líderes e ideias dissonantes.

No caso de Leonardo Boff, a Arquidiocese do Rio de Janeiro empreendeu uma ação de condenação de suas ideias, especialmente na obra em que o autor mais questionou a hierarquia. Mas a arquidiocese não só marcava posição em face das perigosas ideias de Boff (para a hierarquia), como também apontava uma posição política no interior da Igreja do Brasil, que seria referendada com a condenação de Boff na instância universal.

Evidentemente, muitas foram as demais ocasiões em que o Vaticano legitimou as correntes conservadoras. Esse conjunto de políticas, aliado ao refluxo das forças progressistas no começo da década de 1990, levaria as forças progressistas no interior da Igreja a enfraquecer sua articulação de base, embora sua força ainda seja considerável.

Um exemplo dessa contraditória correlação é que em 1994 se elegeu, para o comando da CNBB, o conservador Dom Lucas Moreira Neves[325], mas a entidade manteve uma posição crítica que permitiu que participasse de lutas avançadas da sociedade brasileira como o plebiscito popular sobre a dívida externa, o plebiscito popular contra a Área de Livre Comércio das Américas (Alca), denunciando o governo Lula do esquivamento de suas bandeiras sociais etc.

A maior diferença notada no discurso da CNBB talvez seja um novo acento que as questões pertinentes a moral sexual, aborto e biotecnologia ganharam, em concordância com a agenda do Vaticano especialmente a partir dos anos 1990.

O papado de Ratzinger

Seria difícil terminar este trabalho sem despender algumas linhas na compreensão do papado do interrogador de Leonardo Boff, agora chamado Bento XVI.

De um modo geral, podemos perceber a eleição de Bento XVI não somente com base na continuidade ao papado que João Paulo II representava, senão mais precisamente como um aprofundamento de algumas características de João Paulo II, especialmente o ferrenho dogmatismo e o acento sobre a moral. Por outro lado, percebemos várias linhas de distanciamento em relação ao papa anterior. Bento XVI não recepciona a tensão inerente à pluralidade da vida da Igreja, mas estabelece o único estilo de Igreja que considera aceitável e rejeita os demais.

A eleição de Bento XVI também pode ser entendida no bojo da ascensão da extrema direita europeia, cuja bandeira comum é a rejeição aos imigrantes. Bento XVI associou-se especialmente à rejeição à presença muçulmana na Europa; seu brasão trazia já essa intenção representada na capa beneditina, símbolo da expulsão dos muçulmanos da Europa no século XV, além do fatídico discurso de Regensburg que promoveu protestos no mundo islâmico.

---

[325] Que, no entanto, morreu pouco depois.

Não obstante, seu papado passou a ser associado, algumas vezes, ao nazifascismo, uma vez que Bento XVI beatificou 498 religiosos mortos na Guerra Civil Espanhola nas hostes fascistas, a maior cerimônia de beatificação da história da Igreja Católica. Todos os beatificados participaram de um só lado do conflito, o lado fascista, que desembocou na ditadura de Franco, cuja composição do gabinete era basicamente formada por membros da Opus Dei, poderosa força no Vaticano desde João Paulo II. A despeito dos protestos da comunidade internacional, acelerou o processo de canonização de Pio XII, que, conforme demonstra largamente a historiografia da Segunda Guerra, omitiu-se diante do massacre dos judeus (ainda que isto não seja consensual).

Bento XVI ainda recepcionou novamente na Igreja os históricos partidários de Marcel Lefebvre, que liderou a corrente ultratradicionalista católica que não aceitou as mudanças do Concílio Vaticano II. Um desses perdoados, Richard Williamson, é um veemente partidário e propagandista da tese de que não houve Holocausto durante a Segunda Guerra Mundial. Tal atitude ensejou até mesmo uma forte atitude da então chanceler alemã Ângela Merkel, que pediu que o papa esclarecesse sua posição sobre o Holocausto, cuja negação, na Alemanha, é considerada crime.

Lembremo-nos de que Ratzinger fora membro da Juventude Nazista e também soldado de Hitler durante a Segunda Guerra Mundial. Quanto à sua filiação à juventude nazista, Ratzinger sempre afirmara que se tratou de uma filiação obrigatória[326], no entanto David Yallop discorda e afirma que ela fora voluntária[327]. Nenhum dos dois apresenta provas conclusivas de sua afirmação, tampouco parece esse ponto ser especialmente relevante, pois parece razoável que, com a máquina de propaganda nazista em pleno vapor, se suponha que a juventude passe por uma empolgação previsível. Esse fato só ganha relevância diante do atual e inesperado movimento de reabilitação do nazifascismo operado pelo papa (agora falecido) alemão.

Contudo, em 2010, Bento XVI realizou atividades claramente empenhadas em desfazer essa percepção, beatificando vítimas do nazismo e, tal como conclamado por Ângela Merkel, esclarecendo que admite a existência do Holocausto.

Mas ainda outro fantasma rondou perigosamente o Vaticano, o fantasma da pedofilia, que foi acuando a Igreja em vários países até ameaçar o próprio papa Bento XVI. Documentos comprovam que Bento XVI, enquanto

---

[326] TORNIELLI, 2007, p. 46.

[327] YALLOP, 2007, p. 549.

prefeito da Congregação para a Doutrina da Fé, teve conhecimento de casos de pedofilia e os acobertou, assim como não revogou o documento secreto da década de 60, *Crimen Sollicitationis*, que previa que quem denunciasse qualquer caso de abuso a crianças e adolescentes por parte de sacerdotes seria excomungado, mesmo sendo ele próprio o responsável pelo cumprimento do ali disposto. Mas talvez seja ainda mais constrangedora a divulgação, pelo jornal *New York Times*, de que, enquanto arcebispo de Munique e Freising, em 1980, sua diocese recepcionou um padre pedófilo advindo de outra diocese, que continuou a praticar crimes até sua condenação, em 1986[328].

São tantas atitudes que convergem no sentido de acobertar os casos que a ministra de Justiça alemã Sabine Leutheusser-Schnarreberger afirmara que Ratzinger é um dos responsáveis pela construção do "muro de silêncio" em torno dos casos de pedofilia[329].

Não obstante, seu irmão, Georg Ratzinger, também foi comprometido em denúncias de abusos contra adolescentes. O coral de Regensburg, que esteve sob seu comando entre 1964 e 1994, foi um dos lugares em que os adolescentes sofreram abusos sexuais. O Vaticano informou que o período em que tais abusos se deram são anteriores à administração do irmão do papa. Georg Ratzinger, por sua vez, reiterou a negativa de abuso sexual, mas confessou desferir golpes nos rostos dos adolescentes[330].

Isto é, os escândalos que há muito rodeiam a Igreja Católica atingiram seu cerne, a imprensa descobriu os laços que uniam Ratzinger à extensa política de acobertamento dos casos de abusos a crianças e adolescentes em todo o mundo, além de comprometerem também seu irmão. A opinião pública internacional passou a se mobilizar contra tais práticas, não só por meio de órgãos de informação, mas também dos próprios abusados, mediante associações que realizaram protestos públicos exigindo justiça.

O jornal *Times* também entrou em rota de colisão com o Vaticano ao publicar uma carta, de 1996, do Arcebispo de Milwaukee, Rembert Weakland, para Ratzinger, em que relata que o Padre Lawrence Murphy abusara de jovens surdos na escola de Milwaukee. O *New York Times*, posteriormente, fez uma reportagem completa sobre o tema em que a assessoria da Congregação para a Doutrina da Fé havia defendido a abertura de processo contra

---

[328] NINGUÉM fez tanto contra pedofilia quanto Bento 16, afirma Vaticano. *Folha Online*, Cidade do Vaticano, 27 mar. 2010. Disponível em: www1.folha.uol.com.br/folha/mundo/ult94u712963.shtml. Acesso em: 27 mar. 2010.

[329] MENEZES, Cynara. O pecado da omissão. *Carta Capital*, [s. l.], ano 14, n. 588, 24 mar. 2010. p. 43.

[330] *Ibidem*, p. 47.

o padre, mas Joseph Ratzinger, depois de ouvir o apelo de Murphy, não permitiu que ele fosse processado[331].

Durante o papado de Ratzinger, pesquisas de opinião apontaram, nos Estados Unidos, que a desaprovação popular do papa saltou, em dois anos, de 1% para 24%, um número assustador; também pesquisas demonstraram que, entre os católicos alemães, 25% consideravam a possibilidade de abandonar a Igreja Católica devido aos escândalos relacionados à pedofilia. Até mesmo a casa onde Ratzinger nascera amanheceu em 13 de abril de 2010 pichada com acusações a ele relacionadas ao tema da pedofilia[332]. É interessante pensar o contraste entre a Polônia, que ganhou uma efervescência católica com a eleição de um papa polonês, e a Alemanha, que rejeitou o papa bávaro com números tão assombrosos.

Bento XVI travou um papado de combate, não só à Teologia da Libertação e aos muçulmanos na Europa, mas também a todos aqueles que não se contentaram com as reiteradas iniciativas da Igreja Católica em contemporizar os padres acusados de pedofilia. Atribuiu a onda de denúncias a uma conspiração mundial para a difamação do papa.

Posteriormente, o porta-voz do Vaticano, Federico Lombardi, afirmou que os "ataques midiáticos" aos padres pedófilos causaram um grande prejuízo à Igreja. A tese é de que o prejuízo foi causado pelas denúncias, e não pelos crimes[333]. A extensa quantidade de casos de pedofilia existentes na Igreja é, muitas vezes, entendida como decorrente da política vaticana de manutenção do celibato, que afasta as vocações e tanto aproxima jovens de sexualidade perturbada e/ou trabalha por sua perturbação pela impossibilidade de vivência plena da sexualidade quanto, devido ao reduzidíssimo número de sacerdotes, faz com que os bispos, irresponsavelmente, apenas transfiram de paróquia os padres que cometem abusos sexuais contra crianças e adolescentes, gerando um clima de impunidade e reiterando o círculo vicioso da pedofilia.

Em março de 2010, Bento XVI teve sua primeira atitude pública mais dura em relação à pedofilia em carta à Igreja da Irlanda, mas seu caráter mostrou-se extremamente insuficiente[334]. O papado de Bento XVI não

---

[331] ATUAÇÃO do papa pode ter ajudado a encobrir casos de abuso, diz "NYT". *Folha Online*, [s. l.], 26 mar. 2010. Disponível em: www1.folha.uol.com.br/folha/mundo/ult94u712554.shtml. Acesso em: 26 mar. 2010.

[332] CASA onde o papa nasceu amanhece pichada. *Uol*, [s. l.], 13 abr. 2010. Disponível em: www.noticias.uol.com.br/ultimas-noticias/reuters/2010/04/13/casa-onde-o-papa-nasceu-amanhece-pichada. Acesso em: 4 abr. 2010.

[333] NINGUÉM..., 2010.

[334] MENEZES, 2010, p. 47.

conseguiu compreender a extensão do problema da pedofilia, preferindo ainda a retórica vitimista, a primeira reação à extensa lista de casos de abusos e de acobertamento desses abusos por parte da hierarquia relatados pela imprensa.

Mas, no exato momento da comemoração dos cinco anos de papado, parece que Bento XVI compreendeu que precisava disputar a hegemonia na opinião pública no tema. Primeiro, utilizou-se da estratégia de angariar apoios públicos; fiéis na Praça de São Pedro, clérigos concelebrantes nas Missas no Vaticano, hierarcas conservadores de vários países e até o presidente do Peru afirmaram a inocência de Bento XVI e rejeitaram a renúncia sugerida pelos críticos. Tal estratégia se mostrou desastrosa, pois continuava a negar o que o senso comum tinha já como certo, que os casos de abusos são reais e que o papa nada faz para combatê-los — foram, afinal, 24 anos à frente da Congregação para a Doutrina da Fé, mais de 140 teólogos admoestados, e nunca nem um só pedófilo condenado.

A segunda estratégia adotada pareceu encontrar mais ressonância na opinião pública. Ratzinger encontrou-se com vítimas de abuso, "chorou" ao ouvir os relatos, fez e postou na internet uma instrução que orienta os bispos a denunciarem à polícia casos de abuso sexual. Por definição, um documento papal que contradiga um anterior automaticamente anula o antigo, movimento no qual se faz anulado o documento *Crimen Sollicitationis*, e reorientou a retórica eclesial para o confronto à pedofilia e aos pedófilos.

Os cinco últimos anos de papado demonstraram que Ratzinger permaneceu firme em seus já antigos propósitos. Se, sob o papado de João Paulo II, influenciou decisivamente o campo da doutrina, com comando completo da Igreja, desvestiu-a do populismo polonês para afastar-se dos espetáculos, mas também das acomodações. Bento XVI rejeitou qualquer movimento de conciliação no interior da Igreja que não fosse estritamente dentro dos marcos de seu pensamento, afastou-se da perspectiva ecumenista que ganhou força no Vaticano II e caminhou em direção a uma sólida aliança com a direita xenófoba europeia.

Também não se dispôs, o papa, a dialogar de maneira aberta com o mundo pós-moderno, democrático, pluralista. Preferiu, antes, buscar o caminho da sectarização. Bento XVI não admitia que se chamem "igrejas" as confissões protestantes, mas foi ele próprio chefe de uma seita.

Mas Bento XVI foi surpreendido pelo inimigo mais improvável: com a publicação de suas cartas secretas, descobriu-se que ele foi arrebatado por uma poderosa e emaranhada rede de corrupção no Vaticano, com poderosas âncoras na Cúria. Ratzinger renunciou e abriu espaço para Francisco, o papa da Teologia da Libertação, fina ironia histórica.

Francisco e Leonardo Boff mantêm contato. O teólogo brasileiro contribuiu até mesmo na escrituração de documentos papais. Mas Boff e seu livro não foram reabilitados, uma ferida histórica que dificilmente será remexida.

Gostaria de terminar com as últimas palavras de Dom Pedro Casaldáliga na entrevista que me concedeu:

> *Você está fazendo memória e está apontando para o futuro. A TL é mais atual do que nunca. Hoje madura e tendo acrescentado à temática mais socioeconômica, a temática ecumênica, cultural, étnica, ecológica, de gênero. E assistindo a um processo cada vez mais mundial: a TL é latino-americana, é africana, é asiática, é europeia. Agora dentro da globalização, tudo é mundial ao mesmo tempo que local. Somos uma só humanidade e, retomando as antigas afirmações, confessamos que tudo o que é humano me toca e me compromete. À luz da fé, em diálogo, sempre à procura do Reino.*[335]

---

[335] CASALDÁLIGA, 2010, s/p.

REFERÊNCIAS

ACCATTOLI, Luigi. *Karol Wojtyla*: o homem do final do milênio. Tradução de Clemente Raphael. São Paulo: Paulinas, 1999.

ANDRADE, Solange R. A religiosidade católica no Brasil a partir da Revista Eclesiástica Brasileira. *Revista Brasileira de História das Religiões*, [*s. l.*], ano 1, n. 2. Disponível em: http://www.dhi.uem.br/gtreligiao/pdf/04%20Solange%20R.%20Andrade.pdf. Acesso em: 5 nov. 2008.

ANTONIAZZI, Alberto. A Igreja Católica face à expansão do pentecostalismo. *In*: ANTONIAZZI. Alberto. *Nem anjos nem demônios*: interpretações sociológicas do pentecostalismo. Petrópolis: Vozes, 1994.

ANTONIAZZI, Alberto; CALIMAN, Cleto. Pastoral católica: do primado da instituição ao primado da pessoa. *In*: ANJOS, Márcio Fabri dos (org.). *Sob o fogo do espírito*. São Paulo: Soter; Paulinas, 1998. p. 229-259.

ARNS, Dom Paulo Evaristo. *Da esperança à utopia*: testemunho de uma vida. Rio de Janeiro: Sextante, 2001.

ATUAÇÃO do papa pode ter ajudado a encobrir casos de abuso, diz "NYT". *Folha Online*, [*s. l.*], 26 mar. 2010. Disponível em: www1.folha.uol.com.br/folha/mundo/ult94u712554.shtml. Acesso em: 26 mar. 2010.

AZEVEDO, Dermi. Desafios estratégicos da Igreja Católica. *Revista Lua Nova*, [*s. l.*], n. 60, p. 57-79, 2003.

BEOZZO, Pe. José Oscar. *A Igreja do Brasil*: de João XXIII a João Paulo II. Petrópolis: Vozes, 1993.

BERNSTEIN, Carl.; POLITI, Marco. *Sua Santidade*: João Paulo II e a história oculta do nosso tempo. São Paulo: Objetiva, 1996.

BETTO, Frei. [*Entrevista*]. [Entrevista cedida ao] autor. [*S. l.*], 28 jan. 2010.

BETTO, Frei. *Batismo de sangue.* São Paulo: Civilização Brasileira, 1982.

BETTO, Frei. *Diário de Puebla.* Rio de Janeiro: Civilização Brasileira, 1979.

BETTO, Frei. *O que é Comunidade Eclesial de Base.* São Paulo: Brasiliense, 1981.

BICUDO, Hélio. *Minhas memórias.* São Paulo: Martins Fontes, 2006.

BICUDO, Hélio; QUEIROZ, José. *Peça de apelação ao papa em face da condenação de Leonardo Boff*. São Paulo: Biblioteca da PUC-SP, 1985. No prelo.

BOBBIO, Norberto. *Os intelectuais e o poder*. Tradução de Marco Aurélio Nogueira. São Paulo: Unesp, 1997.

BOFF, Leonardo. Apreciação teológica da renovação carismática católica analisada sociologicamente. *In*: OLIVEIRA, Pedro Ribeiro de. *Renovação Carismática Católica*: uma análise sociológica. Interpretações teológicas. Petrópolis: Vozes, 1978.

BOFF, Leonardo. Editorial. *Revista Eclesiástica Brasileira*, Petrópolis, n. 36, fasc. 142, jun. 1976.

BOFF, Leonardo. Ética da vida. Brasília: Letra Viva, 1999.

BOFF, Leonardo. *Fundamentalismo*. São Paulo: Sextante, 2001.

BOFF, Leonardo. *Igreja*: carisma e poder. Petrópolis: Vozes, 1982.

BOFF, Leonardo. *Igreja:* carisma e poder. Rio de Janeiro: Record, 2005.

BOFF, Leonardo. *Teologia do Cativeiro e da Libertação*. 6. ed. Petrópolis: Vozes, 1998.

BOFF, Leonardo; BOFF, Clodovis. *Como fazer Teologia da Libertação*. Petrópolis: Vozes, 1985.

BOFF, Leonardo; BOFF, Clodovis. *Da libertação*: o teológico nas libertações sócio--históricas. Petrópolis: Vozes, 1979.

BOURDIEU, Pierre. *A economia das trocas simbólicas*. Tradução de Sérgio Miceli *et al*. São Paulo: Perspectiva, 2003.

BURITY, Joanildo. Religião e política na fronteira: desinstitucionalização e deslocamento numa relação historicamente polêmica. *Rever*, [*s. l.*], ano 1, n. 4, 2001. Disponível em: www.pucsp.br/rever em 2005. Acesso em: 11 maio 2006.

CAHILL, Thomas. Ele foi quase o oposto de João XXIII. *O Estado de S. Paulo*, São Paulo, 6 abr. 2005.

CAMPBELL, Joseph; MOYERS, Bill; FLOWERS, Betty Sue (org.). *O poder do mito*. São Paulo: Palas Athena, 1990.

CARBONI, Florence; MAESTRI, Mário. *A linguagem escravizada*. São Paulo: Expressão Popular, 2003.

CARVALHO FILHO, Luís Francisco. Pequeno grande homem. *Estud. Av.*, [s. l.], v. 21, n. 59, p. 355-358, 2007.

CASA onde o papa nasceu amanhece pichada. *Uol*, [s. l.], 13 abr. 2010. Disponível em: www.noticias.uol.com.br/ultimas-noticias/reuters/2010/04/13/casa-onde-o--papa-nasceu-amanhece-pichada. Acesso em: 4 abr. 2010.

CASALDÁLIGA, D. Pedro. [*Entrevista*]. [Entrevista concedida ao] autor. [*S. l.*], 3 jun. 2010.

CASALDÁLIGA, D. Pedro. *Nicarágua*: combate e profecia. Petrópolis: Vozes, 1986.

CASTLE, Tim. Líder anglicano diz que Igreja irlandesa perdeu credibilidade. *O Estado de S. Paulo*, [s. l.], 2010. Disponível em: http://www.estadao.com.br/noticias/internacional,lider-anglicano-diz-que-igreja-irlandesa-perdeu-credibilidade,533181,0. htm. Acesso em: 3 abr. 2010.

CONSELHO EPISCOPAL LATINO-AMERICANO (CELAM). *II Conferência Geral do Episcopado Latino-Americano.* Conclusões de Medellín. A Igreja na atual transformação da América Latina à luz do Concílio. 5. ed. Petrópolis: Vozes, 1985.

CONSELHO EPISCOPAL LATINO-AMERICANO (CELAM). *III Conferência Geral do Episcopado Latino-Americano.* Conclusões de Puebla. A evangelização no presente e no futuro da América Latina. São Paulo: Loyola, 1979.

CONSELHO EPISCOPAL LATINO-AMERICANO (CELAM). *IV Conferência Geral do Episcopado Latino-Americano.* Conclusões de Santo Domingo. Nova EVANGE-LIZAÇÃO. Promoção humana. Cultura cristã. "Jesus Cristo ontem, hoje e sempre". São Paulo: Loyola, 1993.

CHAUVEAU, Agnes; TETARD, Philippe H. (org.). *Questões para a história do presente.* Bauru: Edusc, 1999.

CONDINI, Martinho. *Dom Helder Câmara:* modelo de esperança na caminhada para a paz e justiça social. Dissertação (Mestrado em Ciências da Religião) – PUC-SP, 2004.

CONSERVADOR e reacionário. *DW Brasil*, [s. l.], 18 abr. 2010. Disponível em: www. dw-world.de/dw/article/0,,5479914,00.html. Acesso em: 18 abr. 2010.

DELLA CAVA, Ralph; MONTEIRO, Paula. *E o verbo se faz imagem*: Igreja Católica e os meios de comunicação do Brasil. São Paulo: Paulinas, 1991.

DERRIDA, Jacques; VATTIMO, Gianni (org.). *A religião.* São Paulo: Estação Liberdade, 2000.

DURKHEIM, Émile. *As regras do método sociológico*. Tradução de Pietro Nassetti. São Paulo: Martin Claret, 2003.

DUSSEL, Enrique. *Teologia da Libertação*: um panorama de seu desenvolvimento. Petrópolis: Vozes, 1997.

FAHEY, Michael. Joseph Ratzinger como eclesiólogo e pastor. *In*: LAURENTIN, R.; ROUSSEAU, A.; SÖLLE, D. *O neoconservadorismo*: um fenômeno social e religioso. Petrópolis: Vozes, 1981.

FARIAS, Damião Duque de. *Em defesa da ordem*. Aspectos da práxis conservadora católica no meio operário em São Paulo (1930-1945). São Paulo: Hucitec, 1998.

FLEET, Michael. O neoconservadorismo na América Latina. *In*: LAURENTIN, R.; ROUSSEAU, A.; SÖLLE, D. *O neoconservadorismo*: um fenômeno social e religioso. Petrópolis: Vozes, 1981.

GEERTZ, Clifford. *A interpretação das culturas*. Rio Janeiro: LTC – Livros Técnicos e Científicos, 1989

GONÇALVES, Pe. Dr. Paulo Sérgio Lopes. Epistemologia e método do projeto sistemático da TL. *Revista Eclesiástica Brasileira* 237. Petrópolis: Vozes, 2000. p. 153-154.

GREELEY, Andrew M. *Como se faz um Papa*. Rio de Janeiro: Nova Fronteira, 1980.

GRUMAN, Marcelo. O lugar da cidadania: Estado moderno. pluralismo religioso e representação política. *Rever*, [*s. l.*], ano 5, n. 1, 2005. Disponível em: www.pucsp. br/rever em 2005. Acesso em: 11 maio 2006.

GRUPPI, Luciano. *O conceito de hegemonia em Gramsci*. Tradução de Carlos Nelson Coutinho. 3. ed. Rio de Janeiro: Graal, 1978.

GUTIERREZ, Gustavo. *A força histórica dos pobres*. 2. ed. Petrópolis: Vozes, 1984.

HERVIEU-LÉGER, Daniele. O bispo, a Igreja e a modernidade. *In*: LUNEAU, René; MICHEL, Patrick. *Nem todos os caminhos levam a Roma*: as mutações atuais do catolicismo. Petrópolis: Vozes, 1999. p. 291-322.

IOKOI, Zilda Grícoli. *Igreja e camponeses*: Teologia da Libertação e movimentos sociais no campo. Brasil e Peru: 1964-1986. São Paulo: Hucitec; Fapesp, 1996.

JOÃO PAULO II. *A CNBB é a Igreja*. Discurso realizado em 10/07/1980 em Fortaleza, editado como "A palavra de João Paulo II aos brasileiros: discursos e homilias". Brasília: Escopo, 1980. p. 257-268.

KLOPPENBURG, Dom Boaventura O. F. M. *Igreja popular*. 3. ed. Rio de Janeiro: Agir, 1983.

KÜNG, Hans. *A Igreja Católica*. Rio de Janeiro: Objetiva, 2002.

LACERDA, Lucelmo. *Uma análise da polêmica em torno do livro "Igreja: carisma e poder", de Leonardo Boff, na Arquidiocese do Rio de Janeiro*. Dissertação (Mestrado em História Social) – PUC-SP, 2009. Disponível em: http://www.dominiopublico.gov.br/pesquisa/DetalheObraDownload.do?select_action=&co_obra=135917&co_midia=2. Acesso em: 20 jan. 2020.

LACERDA. Lucelmo. Fogo na televisão: a ofensiva eletrônica da Renovação Carismática Católica. *Revista Eletrônica Espaço Acadêmico*, [s. l.], v. 18, p. 57, 2006.

LERNOUX, Penny. *A barca de Pedro*: nos bastidores da Igreja. São Paulo: Ática, 1992.

LIBÂNIO, João Batista. *A volta à grande disciplina*. São Paulo: Loyola, 1983.

LIBÂNIO, João Batista. Apresentação didática. *In*: CONSELHO EPISCOPAL LATINO-AMERICANO (CELAM). *III Conferência Geral do Episcopado Latino-Americano*. Conclusões de Puebla. A evangelização no presente e no futuro da América Latina. São Paulo: Loyola, 1979. p. 55-80.

LIBÂNIO, João Batista. *Panorama da teologia da América Latina nos últimos anos*. [S. l.] Koinonia. Disponível em: https://www.servicioskoinonia.org/relat/229.htm. Acesso em: 19 maio 2023.

LIBÂNIO, João Batista. *Pastoral numa sociedade de conflitos*. Rio de Janeiro: Vozes, 1982. (Vida Religiosa. Temas atuais, 11).

LIBÂNIO, João Batista. Pensamento de Leonardo Boff. *In*: GUIMARÃES, Juarez (org.). *Leituras críticas sobre Leonardo Boff*. São Paulo: Perseu Abramo, 2008.

LIBÂNIO, João Batista. Prefácio. *In*: CONFERÊNCIA GERAL DO EPISCOPADO LATINO-AMERICANO, 4., Conclusões de Santo Domingo, Nova Evangelização, Promoção Humana, Cultura Cristã, "Jesus Cristo ontem, hoje e sempre". *Anais* [...]. São Paulo: Loyola, 1993.

LÖWY, Michael. A *guerra dos deuses*: religião e política na América Latina. Rio de Janeiro: Vozes, 2000.

LUNEAU, René; MICHEL, Patrick. *Nem todos os caminhos levam a Roma*: as mutações atuais do catolicismo. Petrópolis: Vozes, 1999.

MADURO, Otto. *Religião e luta de classes*: quadro teórico para a análise de suas inter-relações na América Latina. Petrópolis: Vozes, 1981.

MANOEL, Ivan Aparecido. A Ação Católica Brasileira: notas para estudo. *Acta Scientiarum*, [s. l.], v. 21, n. 1, p. 207-215, 1999. Disponível em: http://www.periodicos. uem.br/ojs/index.php/ActaSciHumanSocSci/article/viewFile/4207/2872. Acesso em: 5 nov. 2008.

MARX, Karl. *Crítica da filosofia do direito de Hegel*. 2. ed. São Paulo: Martins Fontes, 1983.

MARX, Karl; ENGELS, Friedrich. *O manifesto comunista*. São Paulo: Anita Garibaldi, 2001.

MENEZES, Cynara. O pecado da omissão. *Carta Capital*, [s. l.], ano 14, n. 588, 24 mar. 2010.

MESSNER, Francis. A Igreja Católica e seu direito. *In*: LUNEAU, René; MICHEL, Patrick. *Nem todos os caminhos levam a Roma*: as mutações atuais do catolicismo. Petrópolis: Vozes, 1999. p. 76-93.

MICELI, Sérgio. Introdução: a força do sentido: *In*: BOURDIEU, Pierre. *A economia das trocas simbólicas*. Tradução de Sérgio Miceli *et al*. São Paulo: Perspectiva, 2003.

MICHEL, Patrick. O último papa. Reflexões sobre a utilização do político sob o pontificado de João Paulo II. *In*: LUNEAU, René; MICHEL, Patrick. *Nem todos os caminhos levam a Roma*: as mutações atuais do catolicismo. Petrópolis: Vozes, 1999. p. 345-368.

MOVIMENTO NACIONAL DOS DIREITOS HUMANOS (MNDH). *Roma Locuta*: documentos sobre o livro Igreja: carisma e poder de Frei Leonardo Boff. Petrópolis: Vozes; SIN, 1985.

MURARO, Rose Marie. [*Entrevista*]. [Entrevista cedida ao] autor. [*S. l.*], 17 fev. 2010.

MURARO, Rose Marie. *Memórias de uma mulher impossível*. Rio de Janeiro: Rosa dos Tempos, 1999.

MURARO, Rose Marie. *Os seis meses em que fui homem*. Rio de Janeiro: Rosa dos Tempos, 1990.

NINGUÉM fez tanto contra pedofilia quanto Bento 16, afirma Vaticano. *Folha Online*, Cidade do Vaticano, 27 mar. 2010. Disponível em: www1.folha.uol.com. br/folha/mundo/ult94u712963.shtml. Acesso em: 27 mar. 2010.

OLIVEIRA, Pedro Ribeiro de. *Renovação Carismática Católica*: uma análise sociológica. Interpretações teológicas. Petrópolis: Vozes, 1978.

POLLAK, Michael. Memória e identidade social. *Estudos Históricos*, Rio de Janeiro, v. 5, n. 10, p. 200-212, 1992.

PORTELLI, Hugues. *Gramsci e a questão religiosa*. São Paulo: Paulinas, 1984.

PRADO JR., Caio. *Dialética do conhecimento*. 3. ed. São Paulo: Brasiliense, 1960.

PRANDI, Reginaldo. *Um sopro do espírito*. 2. ed. São Paulo: Edusp, 1998.

RAHM, Haroldo J. *Esse terrível jesuíta!* São Paulo: Loyola, 2005.

RATZINGER, Joseph. Cristianismo y democracia pluralista: acerca de la necesidad que el mundo moderno tiene del cristianismo. *Revista Scripta Theologica*, [s. l.], p. 23, 1984.

RICHARD, Pablo. *A morte da cristandade e nascimento da Igreja*. São Paulo: Paulinas, 1982.

RODA VIVA. [*Entrevista*]. Entrevistado: Leonardo Boff. [S. l.]: TV Cultura, 6 jan. 1997. Disponível em: https://www.youtube.com/watch?v=NkaHURNRPwQ. Acesso em 19 maio 2023

ROLIM, Francisco Cartaxo. Neoconservadorismo eclesiástico e uma estratégia política. *Revista Eclesiástica Brasileira (REB)*, [s. l.], n. 49, fasc. 194, jun. 1989.

SANTA SÉ. *Instrução sobre alguns aspectos da Teologia da Libertação*. Vaticano: Santa Sé,1985.

SCHIERHOLT, José Alfredo. *Frei Boaventura Kloppenburg (ofm)*: 80 anos por Cristo em sua Igreja. Lajeado: O autor, 1999.

SECCO, Lincoln. A influência da Revolução Russa na Itália. *In*: COGGIOLA, Osvaldo. *A Revolução de Outubro sob o olhar da história*. São Paulo: Scritta, 1997. p. 225-255.

SECCO, Lincoln. *Gramsci e a revolução*. São Paulo: Alameda, 2006.

SERBIN, Kenneth P. *Diálogos nas sombras*: bispos e militares. Tortura e justiça social na ditadura. Tradução de Carlos Eduardo Lins da Silva e Maria Cecília de Sá Porto. São Paulo: Companhia das Letras, 2001.

SOUSA, Ronaldo José de. *Carisma e instituição*: relações de poder na Renovação Carismática Católica do Brasil. Aparecida: Santuário, 2005.

SOUZA, Luiz Alberto Gómez de. As CEBs vão bem obrigado. *Revista Eclesiástica Brasileira* 237. Petrópolis: Vozes, 2000.

SOUZA, Luiz Alberto Gómez de. As várias faces da Igreja Católica. *Estud. Av*, São Paulo, v. 18, n. 52, dez. 2005.

SOUZA, Luiz Alberto Gómez de. *Igrejas cristãs e política*. Trabalho apresentado à Assembleia Geral da CNBB, 41, maio 2003a. Disponível em: www.ceris.org.br. Acesso em: 11 maio 2006.

SOUZA, Luiz Alberto Gómez de. *Os desafios urbanos para a Igreja na atualidade*. Trabalho apresentado à Reunião da CNBB, 52, out. 2003b. Disponível em: www. ceris.org.br. Acesso em: 11 maio 2006.

SYDOW, Evanize; FERRI, Marilda. *Dom Paulo Evaristo Arns*: um homem amado e perseguido. Petrópolis: Vozes, 1999.

TEIXEIRA, Elizabeth. *As três metodologias*: acadêmica. da ciência e da pesquisa. 4. ed. Petrópolis: Vozes, 2007.

TILLESSE, Pe. Caetano Minette de. *A Teologia da Libertação à luz da Renovação Carismática*. 5. ed. São Paulo: Loyola, 1989.

TORNIELLI, Andrea. *Bento XVI*: guardião da fé. São Paulo: Record, 2007.

VATICANO apresenta documento que facilita missa em latim. *Folha Online*, [s. l.], 2007. Disponível em: www1.folha.uol.com.br/folha/especial/2007/visitadopapaaobrasil.shtml. Acesso em: 7 jul. 2007.

WANDERLEY, Luiz Eduardo W. *Democracia e igreja popular*. São Paulo: Educ, 2007.

WILLAIME, Jean-Paul. A ambivalência ecumênica de João Paulo II: entre a restauração católica e a promoção dos diálogos. *In*: LUNEAU, René; MICHEL, Patrick. *Nem todos os caminhos levam a Roma*: as mutações atuais do catolicismo. Petrópolis: Vozes, 1999. p. 170-198.

YALLOP, David. *O poder e a glória*: o lado negro do Vaticano de João Paulo II. São Paulo: Planeta, 2007.

ZYLBERBERG, Jacques; CÔTÉ, Pauline. Dominação teocrática. dissonâncias eclesiais e dissipação democrática. *In*: LUNEAU, René; MICHEL, Patrick. *Nem todos os caminhos levam a Roma*: as mutações atuais do catolicismo. Petrópolis: Vozes, 1999.